国宝100

马未都

第三卷

長江出版傳媒 | 长江文艺出版社

北京长江新世纪文化传媒有限公司
www.cjxinshiji.com
出品

目录

055 北宋·定窑白釉孩儿枕 / 001

056 西汉·长信宫灯 / 017

057 南朝·鎏金铜大势至菩萨立像 / 031

058 汉·“五星出东方利中国”锦护臂 / 043

059 龙山文化·蛋壳黑陶高柄杯 / 059

060 北宋·磁州窑白地黑花“枕赋”铭长方形枕 / 069

061 战国·错金银狩猎纹铜镜 / 083

062 五代·越窑秘色瓷莲花净水碗及托 / 093

063 战国·商鞅方升 / 107

064 西汉·金马 / 119

065 唐·黑石号沉船长沙窑碗 / 131

066 辽·三彩罗汉像 / 145

067　西周·裘卫四器　/ 157

068　五代·董源（传）《溪岸图》　/ 169

069　西晋·陆机《平复帖》　/ 187

070　北宋·李公麟《五马图》　/ 203

071　战国·曾侯乙编钟　/ 217

072　西汉·龟钮银印　/ 231

073　北魏·石雕释迦牟尼佛与二胁侍菩萨像　/ 243

074　清雍正·粉彩福寿双全八桃纹橄榄瓶　/ 253

075　西周·晋侯稣钟　/ 265

参考书目　/ 279

055

北宋·定窑白釉孩儿枕

台北故宫博物院藏

扫码听我讲
国宝故事

故事得从乾隆年间讲起。

乾隆皇帝过了六十岁之后，心态开始放缓（图 1）。在乾隆三十六年（1771 年）的时候，他六十一岁，有一天突然提出来，想看看好久没见的定瓷娃娃凉枕。为什么他提出要看看这凉枕呢？人老了，有点贪凉，喜欢那种凉飕飕的感觉。这感觉年轻人是不知道的，年轻人出门穿得少，一进屋就怕冷了；老年人呢，出门穿得厚，进门以后也穿得厚，所以他老说这屋里太燥、太热。

图 1 清高宗坐像 故宫博物院藏

图 2 北宋 定窑孩儿枕 故宫博物院藏

根据《清宫内务府造办处档案》记载，乾隆皇帝在其三十六年、三十八年、三十九年、四十年，先后四次命人将孩儿枕拿出来看。当时他还下令为凉枕配制木座、锦垫。这里需要说明，我们说的这定瓷娃娃凉枕，可不止一件。目前已知的，共三件，两件上头有字，都藏于台北故宫博物院，另一件没字的，藏于北京故宫博物院（图 2）。

关于瓷枕的好处，明代医学家李时珍在他的著作《本草纲目》里是这样记载的："久枕瓷枕，可清心明目，至老可读细书。"这意思是说，你总枕这瓷枕头，清心明目，对眼睛好，老的时候不花眼。

过去的人讲养生之道是这么说的：头寒脚暖八分饱。现在我告诉你，"头寒脚暖七分饱"就行了，吃八分饱就吃多了。

乾隆皇帝多次提出看的这定瓷娃娃凉枕，有一个固定的名称，叫"定窑白釉孩儿枕"。

乾隆皇帝特别喜欢写诗。在他四万多首御制诗中，咏颂各类艺术品的，大概有三千多首；咏瓷器的，大概两三百首。他尤其热衷赞咏五大名窑，其中咏定窑的，就占了三四十首。乾隆对他特别喜欢的器物，会反复作诗。就像这定窑白釉孩儿枕，他前后写过四首诗，其中一首，是乾隆三十八年所作，名为“咏定窑睡孩儿枕”：

北定出精陶，曲肱代枕高。
锦绷围处妥，绣榻卧还牢。
彼此同一梦，蝶庄且自豪。
警眠常送响，底用掷籤劳。
——乾隆癸巳春闰御题

这诗的第二句“曲肱代枕高”，就开始用典了。《论语》名句：“子曰：‘饭疏食饮水，曲肱而枕之，乐亦在其中矣。不义而富且贵，于我如浮云。’”

这意思就是说：我每天只要吃点儿粗粮，喝点儿水，把手臂当枕头枕着休息，乐趣就在其中了。如果是用不道义的手段弄来的富贵，于我就像浮云一样。这是一种人生态度，就是我不在乎生活的清苦，但求无愧于心，只要有自然的快乐，就能生活得很惬意满足了。

其实不只是古人，我们现在也经常“曲肱而枕之”。比如你在火车站候车，或在公园的长椅上躺着，直接枕着胳膊就睡着了。当然，这事儿有点不雅，也不文明，但说明“曲肱”好用，每个人随身都带一枕头。

这诗中还有一句，叫“彼此同一梦”。这有意思，就是说我跟孩儿枕上的这个小孩儿一起做梦。

“警眠常送响，底用掷籤劳。”这里用的是“司马光圆木警枕”的典故。司马光写《资治通鉴》的时候，为了防止自己睡得太沉，就截了一块圆木做枕头，两头坠以小铃铛。枕着这圆木睡着了，一翻身，它一滚动，这小铃铛“当啷”就响了，自个儿也就惊醒了。这是告诫自己要珍惜时光，不要昏睡。

我们这回说的定窑白釉孩儿枕是空心的，你要是晃动它，它里头会发出声响。因为制作它时无意，也可能有意，放进去一块儿半块儿泥，烧制以后，泥块变硬，一晃它就出声了。乾隆把这个偶然现象，当成刻意为之，认为它是警枕，所以说它是“警眠常送响”。

这首诗写完以后，乾隆皇帝挑了一件最好的孩儿枕，命人把这诗直接刻这枕头底下了（图3）。

这一年是乾隆三十八年（1773年），所以这首诗已经在这枕头上待了近两百五十年。这件刻有御题诗的枕头，就是台北故宫博物院所藏两件有文字的孩儿枕中的一件。另一件的字不是刻上去的，是用墨书写上去的，文字写得不算太规整，内容是“二百四十九号 土定瓷娃娃一件”，这应该就是后来的一个编号（图4）。

台北故宫博物院对于这类文物的定名和大陆还是有些区别的，台北定的是“北宋定窑白瓷婴儿枕”，大陆的定名是“北宋定窑白釉孩儿枕”。我觉得大陆的定名更准确一些，因为婴儿只会爬，还不能走，但这小孩儿看着都有五六岁了，不能叫婴儿了。

瓷枕的历史，能上溯至一千四百多年前的隋朝。开始时，作为陪葬的明器居多。唐代的瓷枕个头儿都很小，俗称“脉枕”。观复博物馆里就有好几个唐代脉枕，绿釉的、黄釉的、绞胎的，很多品种都有，你们都可以来看（图5）。之后逐渐发展，瓷枕的个头儿也由小到大，但这不绝对。到了宋代，瓷枕发展到了高峰，无论器型上还是装饰手法上，发展都突飞猛进。

我们可以把瓷枕的造型简单分为两类。

一类是非具象的，包括几何形状和一些简单的形状构成。几何形状有

图 3 北宋 定窑孩儿枕 台北故宫博物院藏

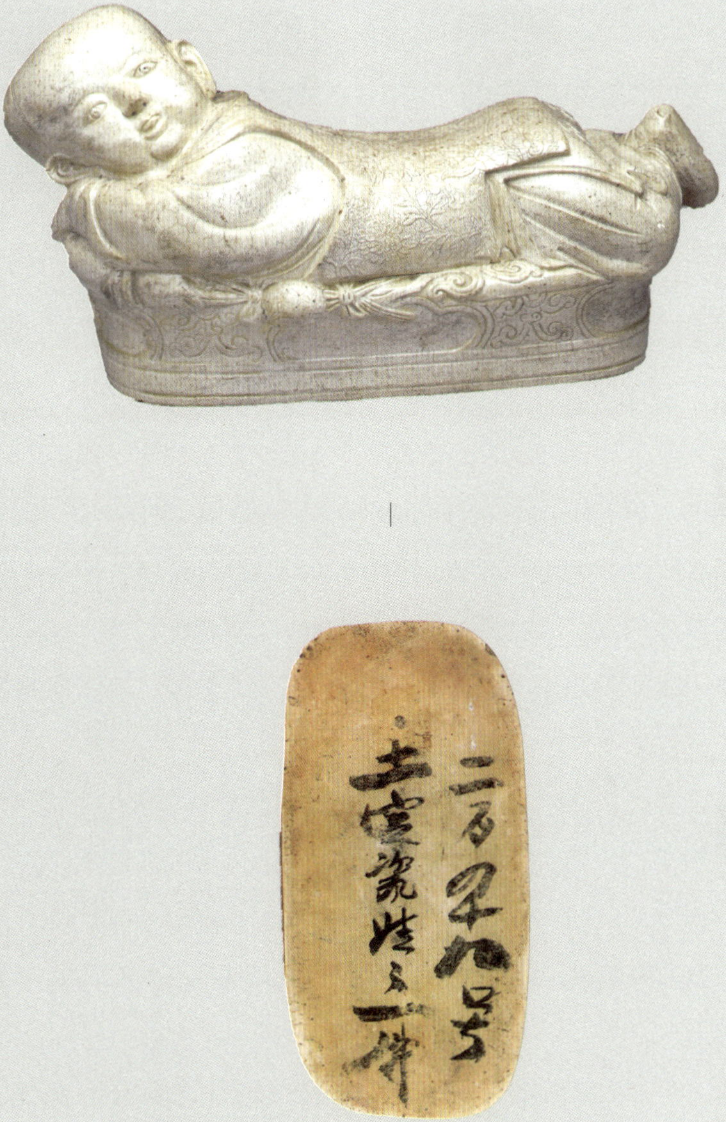

图 4 北宋 定窑孩儿枕 台北故宫博物院藏

图 5 唐代 绿釉方枕、绞胎方枕 观复博物馆藏

六方形、八方形、长方形、椭圆形，其他形状的有腰圆形、云头形、花瓣形、鸡心形等等。

还有一类最生动，可定为圆雕作品。有什么呢？虎形、狮形的，还有仕女、孩童的，基本都是卧姿。孩儿枕就属于这一类（图 6）。

这小孩儿呢，是伏卧于榻上。为什么设计成伏卧姿呢？因为人体有凹凸，再没有曲线的人，伏卧多少也有点儿曲线，如果正过来，肚皮朝上就不好看，而且肚子鼓起也没法枕了，所以都采取伏卧姿。小孩的脸设计成扭头朝上，这样就显得天真。

瓷枕造型里，仕女、童子多见，但没见过大老爷们儿的（图 7）。头枕着仕女、童子，心里还可以接受，要是枕着大老爷们儿睡觉，人们总觉得过不了心里这关。

台北故宫博物院所藏的这件最为精美的孩儿枕，它好在巧妙的细节设计上。

你们看，孩儿的衣着很讲究，穿着绣花的绫罗长衫，还有坎肩、长裤和软底布鞋，充分地展示了宋代服饰的特点。小孩儿梳娃娃发髻，天庭饱满，俩耳朵像元宝似的，俩眼睛滴溜圆，炯炯有神，面带微笑，神情悠然自得，透出一股灵气。这确实招人喜欢，不然乾隆皇帝也不会这么欣赏它，还把御题诗刻在它身上。

图 6
金代
磁州窑白地黑花鹊鸲图虎枕
上海博物馆藏

图 7
南宋
景德镇窑青白釉仕女枕
美国大都会艺术博物馆藏

睡枕为长圆形，周边模印螭龙、如意纹饰等。枕身施白釉，釉色白中发暖，如象牙般均匀柔润。枕底素胎，脚部有一透气孔。

这件瓷枕是定窑的精品。定窑在“汝、官、哥、钧、定”这个现在常说的五大名窑排序中排在了最后头，但历史上它可是排先的。明代谢肇淛的《五杂俎》中有这样的记载：“柴窑之外，定、汝、官、哥，皆宋器也。”柴窑还没有定论。定窑晚唐的时候就有了，比汝窑起码早二百年，汝窑是北宋末期才诞生的。

定窑瓷器古代在北方盛行，它最大的好处就是白。进入宋代以后，定窑器开始出现刻的、模印的花卉纹。比如，1969 年净众院塔基地宫出土的北宋初年定窑白釉龙首净瓶，就是刻的（图 8）；上海博物馆收藏的定窑白釉印花云龙纹盘，就是印的（图 9）。在艺术品的制作中，有两种非常重要的工艺手法：一是雕，二是塑。雕是做减法，塑是做加法。河北曲阳素有“雕塑之乡”的美誉，那里既有汉白玉的石雕（图 10），又有定窑的瓷塑。

由于瓷土的可塑性，就出现了瓷制的人物塑像和枕头。跟捏泥人不同，瓷器在高温下会开裂，薄了、厚了都容易开裂。因此，瓷枕都烧空心的，还得留出气孔。定窑生产的各类瓷枕中，孩儿枕可排第一，名气特别大，代表了定窑的工艺水平。它的设计明显有求子的意图。也可以说，孩儿枕比在婚床上铺满花生、红枣、栗子之类的习俗，更能表达多子多福的愿望。

图 8 北宋 定窑白釉刻花莲瓣纹龙首净瓶
定州博物馆藏

图 9 北宋 定窑白釉印花云龙纹盘 上海博物馆藏

孩儿枕当年的生产量不大，因为它的生产成本较高，烧制的成功率较低。它的模样大致有两种：一种就是这卧姿孩儿枕，只在定窑瓷枕中得见；另一种是童子执荷枕，在定窑、耀州窑中都有烧造，就是小孩儿身上顶着一片荷叶，荷叶也叫莲叶，所以寓意“连生贵子”（图 11）。

为什么宋代人这么关心制作孩儿枕呢？是为了祈盼国泰民安，子孙繁盛。关于祈盼子孙繁盛，古代有一个民间传说。

相传北宋年间，河北定州，定窑的烧制已颇具规模了。当时，有一对夫妇精通制瓷工艺，丈夫主管焙土、烧制，妻子擅长临摹、画样。夫妇俩感情和睦，日子过得很好。可只有一条，家里没孩子。正所谓“不孝有三，无后为大”，古人说的“后”不包括女儿，过去娶妻无子可以买妾生子，或把别人家的儿子抱过来、过继过来。

为了生子，民间有一个风俗，叫“拴娃娃”。《中国风俗辞典》里这

图 10 唐代 白石胁侍菩萨立像
河北博物院藏 曲阳修德寺遗址出土

样记载："道观大都供奉送子娘娘。神座和送子娘娘身上放着很多泥塑小男娃娃。婚后不育的妇女，在神像前磕头烧香、祝祷布施之后，从神座上偷偷拿一个小泥娃娃，揣在怀里，默默念着'跟妈妈回家'，头也不回地直接往家奔，藏于卧室。如果生个儿子，就要到庙中还愿，磕头布施之外，还得买几个泥娃娃偷偷放在神座上，供后来者拴去。"

这位妻子就去天后宫拴了个小泥娃回来。谁知道一两年过去了，一直不灵验，丈夫一气之下把它往地上重重一摔！只听得"啪"的一声，这小泥娃一下子摔得粉碎！这两口子的心也跟着碎了一地。

图 11 金代 定窑褐地剔牡丹花擎荷娃娃枕 西汉南越王博物馆藏

妻子很绝望，但日子还得继续往下过啊！白天还好说，总有活儿忙，想不到那么多。可一到夜里，这个辗转反侧的滋味儿就不好受了。有天夜里，妻子没一会儿就进入了梦乡，梦见一白胖小子，也就刚会走路那么大，在自家院子里，光着肉乎乎的小屁股瞎转悠。没想到这小孩儿一见她就乐了，而且咯咯地笑个不停。妻子很高兴，伸手就去抱小孩儿，这小孩儿特愿意跟她亲近，玩累了，顺势就枕着她的胳膊睡着了，边睡，嘴里还边嘀咕，像是在叫“娘、娘……”

美梦初醒，妻子一睁眼，天蒙蒙亮，她猛地起身，几步走到桌案旁，抓起画笔就把刚才的梦境画了出来。丈夫醒来后，来到画作前一瞧，立刻被这可爱的小孩儿吸引了。妻子便道出原委，还提出一个大胆的想法，要按照这个可爱小孩儿的模样，制成瓷枕。

就这样，夫妻俩同心协力，打造出的孩儿枕栩栩如生，妻子夜里枕着它睡觉，每每都能梦到那个小孩儿。

图 12 北宋 定窑卧童枕
故宫博物院藏

没过多久，妻子就有喜了！后来真给家里添了一个白胖小子。从此以后，这孩儿枕就成为家里的“娃娃大哥”，按照拴娃娃那套规矩，每年新旧交替之时，给它换新衣，还有零食供果，跟对待真娃娃一样。

这个传说在民间一直流传至今，有扎实的群众基础，毕竟求子是自古以来的主题。

现在，我们再说回这北宋定窑白釉孩儿枕。

我们说这瓷枕是北宋的，断代的依据是什么呢？刚才说了，这伏卧状态的孩儿枕一共三个，除此之外，北京故宫还藏有一件定窑白釉童子执荷枕，但它不是完整器，是有残的。这件枕头的托座底部上有墨书，写着“元祐元年八月十七日置□□□谨记此”。“元祐”为宋哲宗年号，元祐元年为公元 1086 年。这就为宋代孩儿枕的分期和断代，提供了宝贵的实物依据（图 12）。

这隔岸相望的三件完好的定窑白釉孩儿枕，如果按品质排名，台北故宫的两件可分别排第一、第三名，故宫博物院的则排行老二。为什么当年把一、三名带走，却把老二留下了呢？

现在基本上可以这样猜测：第一名这件最精美的枕头上，有御题诗；第三名，有墨书。虽然故宫博物院留下的这件孩儿枕没有字，但另外一件残缺的童子执荷枕上有文字，也就弥补了这个缺憾。全世界定窑孩儿枕的存世量也是极少的，美国旧金山亚洲艺术博物馆有一件，同故宫博物院所

图 13 北宋 定窑白釉童子执荷枕 美国旧金山亚洲艺术博物馆藏

藏有残的那件造型类似，也是定窑白釉童子执荷枕（图 13）。

现在已经远离了习惯枕硬枕的时代，其实民国还有很多人枕硬枕。现在的枕头越来越软，什么鸭绒的、太空棉的、记忆棉的等等。我们这代人还习惯枕荞麦皮枕头呢，它不是那么软，也不是那么硬。

今天，很多人到博物馆去参观，看到这些瓷枕的时候，永远在问一个问题：瓷枕枕着不难受吗？这怎么枕啊？古人对自己这么狠吗？以后我会专门讲一回瓷枕。

我们这回讲的这定窑白釉孩儿枕，无论放在哪里的，都是我们的国之重宝，讲述着一种关于枕头的文明。

056

西汉·长信宫灯

河北博物院藏

扫码听我讲
国宝故事

前面讲过河北省满城汉墓出土的中山靖王刘胜的金缕玉衣，这一篇是它的“夫妻篇”。

这事儿还得从 1968 年河北满城汉墓的发掘现场说起（图 1）。

当时周恩来总理亲自批示，由时任中国科学院院长的郭沫若负责汉墓的发掘。郭沫若亲临中山靖王刘胜墓的发掘现场，他和工作人员一同走出墓室，对刘胜墓周围的地形做了观察。沿着刘胜墓外的一段平地，向北大约有一百多米，这一带山坡上的岩石走向不是自然状态，有人为修整开采的痕迹，而且看上去和正在发掘的刘胜墓上面的岩层排布极为相似。郭沫若和现场的工作人员反复勘察了周围的地理环境，提出了一个推测，认为这些山石下面可能还有墓（图 2）！

西周早期，贵族阶层中开始流行夫妻“并穴合葬”的葬制。西汉沿袭旧制，诸侯王和王后死后也采用“并穴合葬”。什么是“并穴合葬”呢？

“并”就是并排，在同一坟丘下置有两个并排的墓穴，每个墓穴埋葬一位墓主人。这两个墓穴的方向相同或相近，间距也较近。说白了，就像是俩人，一人睡一张单人床，而不是俩人睡一张双人床。我们前面讲过辽代的陈国公主墓，那是夫妻墓，俩人躺在一起，共用一个棺床。要能躺在一起，那也得死得合适，俩人去世得前后脚，下葬的时间得相近，时隔太久不成。所以从西周开始，更流行夫妻“并穴合葬”，俗称“同坟异穴”。

按照这样的丧葬制度推测，刘胜墓旁非常可能还有一座王后的墓。就

图 1
河北满城汉墓的发掘现场

图 2 窦绾墓

这样，在1968年7月底，刘胜墓发掘工作彻底完成之后，原班考古人员向北又开始了第二座汉墓的发掘。

担任发掘工作中开道、清理现场工作的，依旧是解放军工程兵。战士们好容易探掘到第二座汉墓主墓的大门了，但打开它可不是件容易的事儿。我们之前讲刘胜墓的时候说过，当时刘胜墓是被执行国防工事的工程兵们误炸开的，这炸开的地方可不是墓室的门。换句话说，考古队员进入刘胜墓室走的是新挖的墓道，没有走正门。

表面上看，这种墓室的墓门都是砖石结构的，挖起来应该不难吧？其实，这墓门从里到外共有三道，墓门之间都留有空间，第一道和第二道墓门之间填满了夯土，第二道和第三道门之间还浇注了铁水，形成了一道14厘米厚的铁墙（图3）！有一个词，用来形容壁垒森严，攻不可破，叫作“铜墙铁壁”。这满城汉墓是“石墙铁壁”，轻易不能攻破。

好容易打开第二座汉墓主墓室的墓门，耳室及中室全是散落一地的各类文物（图4、图5）。

我们之前讲过，满城汉墓在历史上从未被盗掘过，墓室内物品的摆放理应是规整的。通过墓室物品的摆放状态，可以大致判断下葬时期的气氛。这墓葬看上去如果比较规整、合制式，那它所处的时代就是一个相对和平的时代。但既然是深埋在地下的墓葬，经年累月，它的内部建构或多或少都会受到外部地质环境的影响。比如地震、进水以后的塌方等等，都会对墓葬中的器物造成一定程度的破坏。

盗墓者有一术语，叫“空膛儿”。说“这墓好，赶上一‘空膛儿’”，什么意思啊？是说这个墓葬没有塌方。有的三彩类文物，出土时全是被土埋着的，那就是塌方了。有的呢，保持原始状态，还摆放在原地儿。陕西唐代永泰公主墓，好多文物被发现时就是摆放在原来的那个地方。

第二座汉墓这些散落的铜件，就是由于墓室顶部的石板塌落而震散的。

图 3 窦绾墓墓门铁墙铸口

图 4 窦绾墓北耳室

图 5 窦绾墓中室

考古人员马上将这些铜件收集起来，组织铜器专家修复残损的部分，试图恢复它们最初的模样。

随着发掘工作逐步深入，考古队员也逐渐摸清了这座墓葬的基本情况。这座墓全长 49.7 米，最宽处 65 米，最高处 7.9 米，容积有 3000 立方米。墓室的结构布局与刘胜墓基本一致，由墓道、甬道、耳室、中室和后室构成。考古队员们发现，这座墓葬的随葬品中没有兵器，取而代之的是大量的铜镜、玛瑙水晶珠串饰等梳妆用品（图 6、图 7）。侧室中还有一个大铜盆，应该是盥洗用具。

紧接着，考古人员在主墓室靠南墙摆放的棺床上又有了一个重大发现：一件玉衣。和刘胜墓出土的玉衣相比，这件玉衣明显小了一号，上衣的玉片四角均未穿孔，而是将玉片粘贴在麻布之上，再用丝带在玉片的表面交

图 6 西汉 四乳兽纹铜镜
河北博物院藏

图 7 西汉 玉舞人玛瑙水晶珠串饰
河北博物院藏

叉粘贴，并在玉片四周饰以丝带，连缀而成。整个玉衣用玉的质量也明显不如刘胜的金缕玉衣（图8）。

我们曾经讲过，在汉代的葬玉制度中，玉衣是皇室贵族专属的殓服，不同等级玉衣的编缀方式不同，不可僭越。其实在刘胜墓确定之后，第二座墓中玉衣的主人就可以确定是中山靖王刘胜的夫人。那她到底是谁呢？

考古人员在墓葬中还发现了十九枚铜印，其中七枚刻有文字，印文为“印信”“同欢”的各三枚。这和在刘胜墓金缕玉衣中发现的刻有“私信”的小玉印有所呼应（图9）。

古人说：“印，信也。”甭管是“信”，还是“私信”“印信”，都表明这些印归属于墓主人，或许是生前所用，死时殉葬。至于“同欢”，则表示一种祝祷。而第七枚双面刻有印文的铜印，更显得与众不同。

这枚铜印，一面刻有“窦绾”两个字，另一面刻有“窦君须”三个字（图10）。这里的“窦”，明显是表示一个姓氏，所以这枚铜印就是墓主人的私印，这位女性墓主人可能姓窦名绾，字君须。但窦绾其人，史书上没有记载，那是否可以在墓葬中找到一些文字，从侧面佐证考古人

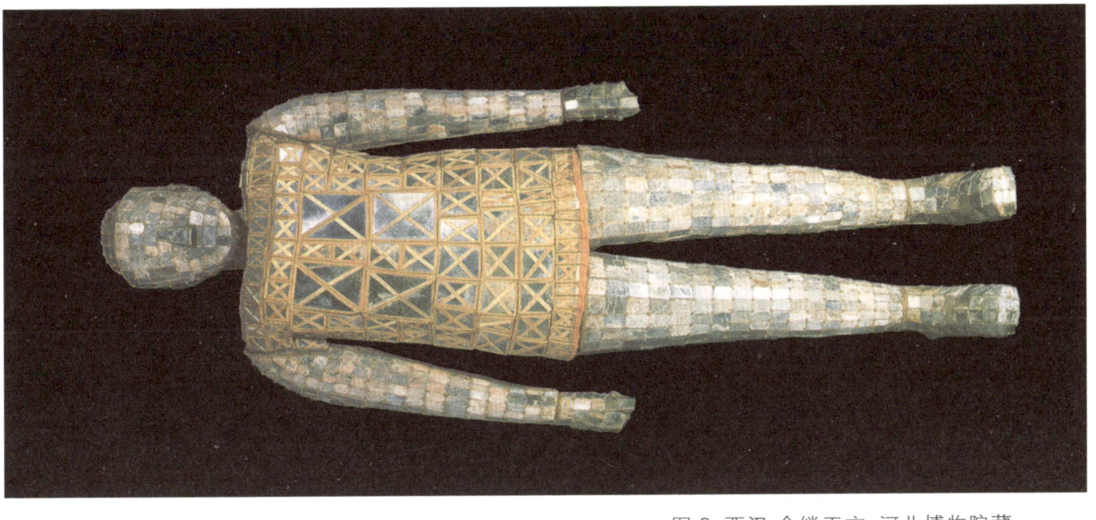

图8 西汉 金缕玉衣 河北博物院藏

图 9 西汉 “私信”蟠龙钮圆形玉印
河北博物院藏

图 10 西汉 “窦绾”铜印
河北博物院藏

员的推测呢？

前面提到主室打开后发现散落一地的铜件，经过铜器专家修复和组装，一座汉代侍女执灯造型的铜灯呈现在人们面前（图 11）。铜灯有 9 处刻有铭文，总计 65 个字，主要为“阳信家”和“长信尚浴……”。

这些铭文传达了铜灯的功能和归属信息。比如，“阳信家”就是说，这灯是我们阳信家的，别随便拿。但也有叫板的，刻着“长信尚浴”，意思是说，这曾经是我们长信这儿供沐浴使用的灯具。那这灯到底是哪家的呢？

想知道这灯归属谁家，就得知道“阳信家”和“长信”在历史上指代的是谁。有关“阳信家”，学界主要有两种说法。一种认为是汉武帝的姐姐，也就是景帝刘启与皇后王娡的长女，阳信长公主家；还有一派认为是阳信侯刘揭父子。

图 11 西汉 长信宫灯 河北博物院藏

从史籍文献来看，《史记》《汉书》所涉及汉武帝姐姐平阳公主的记载中，只有《汉书·卫青传》有一处称过“阳信长公主”，其余均称她为“平阳主”“平阳公主”。“阳信家”是汉武帝姐姐家这个判断的可能性比较小。

公元前179年，汉文帝曾下诏封刘揭为阳信侯，赐金千斤。刘揭在文帝前元十四年（前166年）去世，他的儿子刘中意继承侯位，在景帝前元六年（前151年）因罪免除侯位。刘氏父子二人两代为侯将近三十年，封侯带来了奢华生活，铸造一件“阳信家”的铜器顺理成章。

学界对于“长信”的认知比较一致，就是西汉典章所载：“长信，太后之宫也。”当时，汉武帝母亲王太后居住在长乐宫，居住在长信宫的是汉景帝刘启的生母，汉武帝的祖母，当然也是中山王刘胜的祖母——窦太后。此时，窦姓出现了！

当时窦家与皇室经常联姻，关系非常亲密，有窦氏人娶公主的，也有皇家人娶窦氏女子为妻的。这个窦绾窦君须，很可能是窦太后家里人，有人说就是窦太后的侄孙女。所以，与中山王刘胜并穴合葬的这位王后，应该就是窦绾无疑。

这座铜灯，仔细观察，不难发现刻有“阳信家”铭文的地方多达六处，且字迹工整统一。而刻有“长信尚浴……”字样的仅有一处，字迹稍嫌随意、潦草，很可能是后来刻上去的。一般的判断是说，这盏灯可能是先在“阳信家”使用，后来才转到了“长信”这里。当然这只是一种推测，并没有史籍记载，真实的情况有待于更多的出土器物佐证。

我老说“历史没有真相，只残存一个道理”。这道理就是，一件器物在漫长的历史时期里可能会多次易主，不同时期属于不同的拥有者，这再正常不过了。

在窦绾墓主室中最显眼的位置摆放的这件西汉铜灯，最初被发掘者命名为“长信宫灯”。长信宫灯，高48厘米，通体鎏金。汉代出土的铜灯很多，比如满城汉墓刘胜墓出土的羊灯（图12）、“当户”灯（图13），江苏淮安盱眙大云山汉墓出土的铜鎏金鹿灯（图14），江西南昌西汉海昏侯墓出土的青铜雁鱼灯（图15），等等。

汉代铜灯可简单划分为两种。一种是全裸放，就是全开放式的灯盘。比如十三连枝灯，灯光普照，有点像我们今天使用的吸顶灯。另一种灯是能控制光源方向的，比如雁鱼灯、长信宫灯，有点像我们今天的射灯。射灯的好处是，比如你去一个公共空间，看到墙上挂着一幅画，一盏射灯打过去，它的装饰效果就特别强，显得非常有气氛。

与汉代其他铜灯相比，长信宫灯的造型更富创意：一位年轻的汉代宫中侍女，面容沉穆，跪坐在一方，左手托灯盘，右手持灯顶。极具写实的造型，内部暗藏玄机。宫女左手所托的灯盘带有短柄，方便转动，灯体外围的两片弧形挡板也可随意开合，以此来控制灯光的方向和明暗。

这种用挡板调节方向的灯，直到今天的专业灯具中还在使用。比如拍摄现场的很多灯都有四块挡板，来回遮光，为的就是可以调节灯光的方向和明暗。

人类文明在漫长的进程当中，早期都使用火来照明。最初的照明工具是火把，我们称之为“燎”，“星火燎原”嘛。在远古时期，火把可以驱除黑暗，防御野兽。

但满足了基本的生存需求之后，日常生活中的照明需要具备一些基本条件。首先，光源要稳定。用火把照明，火忽大忽小，光忽忽悠悠，一会儿亮一会儿暗，眼睛老得跟着调节瞳孔大小来适应这种光感，时间久了受不了。其次，光照要持续，总得三分钟一点火也受不了。所以，作为生活照明的灯具就产生了。

中国人使用灯具照明大约出现在战国。《楚辞》中有“兰膏明烛，华

图 12 西汉 铜羊尊灯 河北博物院藏

图 13 西汉 “当户”铜灯 河北博物院藏

图 14 西汉 铜鎏金鹿灯 南京博物院藏

图 15 西汉 青铜雁鱼灯 江西省博物馆藏

镫错些”的记载，说明战国时已出现明确的“镫”了。早期照明的灯，普遍采用动植物油脂作为燃料。油灯的使用，算是人类照明史上的第一次革命。人类使用油灯照明的历史特别长，油灯也经过了多次改进，用油从动物油到植物油，最后又被煤油取代。我小时候还点过蓖麻油和煤油灯呢。

早期燃灯所用的植物油燃烧会产生大量黑烟，不仅光线昏暗，还会导致空气污染。长信宫灯中，跪坐宫女的右臂自然向前划弧弯曲，宽袍大袖，袖内与中空的身体相通，刚好可以作为导烟管，使烟雾顺袖筒降入储有清水的体腔内。这一设计可以保持室内清洁，防止烟雾污染，实际上还起着加强空气对流、促使燃烧充分、增大发光强度的作用。

整座长信宫灯由头部、身躯、右臂、灯座（分上下两部分）、灯盘以及灯罩六个部分，分别铸造后，再套合组装而成。可拆分设计利于携带和清洗，这是汉代灯具在功能方面最先进的发明创造，在世界灯具史上也处于领先地位。

西方的油灯，直到 15 世纪才由著名的意大利科学家、画家达·芬奇发明出铁皮导烟灯罩。18 世纪时，法国人才又进一步，用玻璃灯罩代替铁皮灯罩，并完善了油灯和灯罩的一系列设计，从而初步解决了控制油烟污染的问题。

仔细想来，人类照明的飞跃就发生在近一百年，普遍使用电灯照明的历史连五十年都没有！五十年前，中国很多村镇还都使用煤油灯呢。在中国，彻底解决乡村电灯的普及，也就是近三十年的事。

现在，一年当中，人们的生活起居时间变化不大，有人一天睡八小时，有人一天睡六小时，睡眠时间因人而异，不受气候、季节的影响。可是，因季节性而导致的时间差，在古代特别影响人们的生活。以北京为例，夏至和冬至这两天，昼夜更迭的时间大约相差六小时。你想想，冬至那天差不多下午五点天就黑了，夏至到下午八点天还亮着呢。过去，夏天我经常半夜写东西，写着写着，天就慢慢亮了，凌晨三四点钟天就亮了。

所以古人冬天就睡的时间多，因为你摸着黑也干不了啥事儿啊。现在由于电灯普及，人的作息时间完全无须配合天气。所以，用电来照明是人类文明史上一个非常重要的事儿。

我们今天的照明得到了许多科技上的改善，但在艺术上却不及古人。现在很难有一个照明用的灯具能像长信宫灯这样，作为艺术的一个代表而载入史册。它不仅在照明和环保功能上达到了时代的高峰，还在美学的追求上达到了历史的高峰。

现藏河北博物院的这座来自两千年前的长信宫灯,体现了古人的智慧。灯在文化中不仅有照亮，还有指引的意思。从这个角度讲，长信宫灯引领着我们认识历史，思考未来。

057

南朝·鎏金铜大势至菩萨立像

浙江省博物馆藏

千里莺啼绿映红，水村山郭酒旗风。

南朝四百八十寺，多少楼台烟雨中。

这诗写得美呀！但杜牧写这首诗是赞美呢？还是感喟呢？我想这事儿只有杜牧自个儿知道。

“南朝四百八十寺”，他为什么写南朝不写北朝呢？因为他那会儿就在南边。南朝——宋齐梁陈，前后存在了一百六十多年，政权更迭虽然频繁，但战乱相对较少，战争冲突也没那么激烈，所以社会相对来说比较稳定。

图1 梁武帝画像 台北故宫博物院藏

图 2 北宋 石经幢
浙江省博物馆藏
1957 年金华万佛塔出土

齐、梁时期，朝廷大肆崇佛。根据史籍记载，南齐寺院两千零一十五座，僧尼三万多人。齐武帝萧赜及诸王都以佞佛著称。但相比之下，梁武帝萧衍才是四朝当中最厉害的，他自己舍身同泰寺一共四次，舍身就是出家。一个皇帝出家为僧，可见对佛教的推崇无以复加。最后他活到八十六岁，是中国最长寿皇帝的亚军（图 1）。冠军是谁呢？就是乾隆皇帝。

为什么这一时期佛教这么盛兴呢？因为“上有所好，下必甚焉”。

南北朝时期的佛像，主要有两大类，一类为雕像，石头的，像云冈石窟、麦积山石窟等等；一类为塑像，严格地说，铜像这类都属于塑的，先塑出一模子来，再翻模。这一类，相对来说都比较小，当年主要是用于室内陈设、供奉。说到佛像，就不能不提中国的万佛塔。这万佛塔你一听，中国有好多吧？我说的是浙江金华万佛塔。

1957 年，研究人员对浙江金华的万佛塔地宫进行了挖掘，清理出来一百多件文物。佛塔地宫出土，肯定有大量物件都跟佛教有关，经幢、造像、涂塔、铜镜，什么都有（图 2）。其中一尊铜鎏金水月观音像收藏在国家博物馆，被定为国宝（图 3）。这批文物里，还有一件更为重要，就是这回要讲的这尊南朝大势至菩萨像（图 4）。

大势至菩萨是西方极乐世界阿弥陀佛的右胁侍者。

西方三圣，中间是阿弥陀佛，左边是观世音菩萨，右边就是大势至菩萨（图 5）。这个左右，可不是按你的左右来定，是按阿弥陀佛的左右来定。观世音菩萨和大势至菩萨从形象上看，非常容易混淆，一般是从哪儿区分呢？那就得看他们的冠帽装饰。观世音菩萨头戴的宝冠中间装饰有一尊小化佛，而大势至菩萨的宝冠中间就不是化佛了，是一件宝瓶。大势至菩萨属于智慧型菩萨，以智慧光普照一切，能使众生永离三途八难之苦。

大势至菩萨在中国的影响远不如观世音菩萨。观世音菩萨单独供奉的特别多，而大势至菩萨单独供奉的就非常少见。

为什么观世音菩萨在中国如此普及呢？因为“南无大慈大悲救苦救难广大灵感观世音菩萨”，你有什么事儿，都能求他。结果求来求去，大家各自的事儿都逐渐趋同了，变成了大多数找他必求一事儿，这事儿就是怀孩子。所以送子观音在中国就非常有名（图 6）。

说了半天菩萨，大家都知道，佛教中，佛、菩萨、罗汉三者是不同的，那三者的区别在哪儿呢？

可以做一个简单的区分。这三者中，罗汉是修自己，也就是“自觉”（图 7）；菩萨呢，他不仅要修自己，还要普度众生，就是“自觉、觉他”；

图 3 五代 铜鎏金水月观音像
中国国家博物馆藏

图 4 南朝 铜鎏金大势至菩萨立像
浙江省博物馆藏
1957 年金华万佛塔出土

图 5 镰仓时代（1185-1333 年）《西方三圣图》
美国弗利尔－赛克勒美术馆藏

佛已经到了对宇宙大彻大悟，也就是除了“自觉、觉他”以外，还做到了“觉行圆满”（图 8）。你看，罗汉、菩萨、佛这三级，有点像上大学的学士、硕士、博士三个阶段，这虽然有点牵强，但比较好懂。

我们生活中有很多词汇都是从佛教中来的，比如“世界”“宇宙”等等，这都是佛教语言。

“世”指的是时间概念，像我们说的“前世”“今世”“来世”；“界”呢，是空间概念；“世界”意思是指有限的时间、有限的空间。

那“宇宙”呢？“宇”是空间概念，比如“广宇”“寰宇”；“宙”

图 6　清代　德化窑白釉送子观音像
故宫博物院藏

是时间概念，无限的时间即为宙。所以，“宇宙”就是无限的空间、无限的时间。

这也就能解释宇宙的概念为什么比世界大。

出土这尊大势至菩萨像的万佛塔，历史上很有名气，本名叫“永福寺塔”，或者叫“密印寺塔”。这塔明清的时候都还在，《金华县文史资料》中有万佛塔形制的描述：“该塔是楼阁式的砖木结构，八角形，初建为九层……层层棱角飞檐，高达五十米。塔体内设有扶梯，曲折而上，凭栏远眺，双溪似带，群山如屏。”塔身外壁上半部的每块砖上，都雕有精美的如来佛像，一排排结跏趺坐，坐在莲花台上，其数万计，故俗称“万佛塔”。

图7 明－清 铜罗汉坐像
浙江省博物馆藏

图8 唐－五代 铜鎏金佛坐像
浙江省博物馆藏 1957年金华万佛塔出土

在明清地方志中，说这万佛塔什么时候建的呢？一说是唐代，一说是宋代。到底是什么时候建的，还真不清楚。一直到1957年，万佛塔地宫被打开，把文物清理出来之后，它的创建之谜才被最终解开。

显然这塔是没了，才能清理地宫。这塔什么时候塌的呢？其实它不是自然坍塌的，它是被人拆毁的。什么时候拆的？抗战期间。

这塔非常结实，在金华城屹立千年不倒。抗战时期，它是全城最高的建筑。历史上，至少在民国以前，各地最高建筑都是塔。当时日本轰炸的时候，这塔是一个定位目标。据说，国民党四十九军军长、金华警备司令王铁汉认为万佛塔目标太大，下令拆除。就这样，1942年，万佛塔很快就被拆了。拆下来的这些佛砖啥的都上哪儿去了呢？有人说拿去修了工事，万佛塔就这么彻底被拆毁了。

到目前为止，我们对它的了解，从这么大的塔上拆下来的佛像砖，有明确下落的只剩下四块——浙江省博物馆有一块，金华文物部门有三块，其他都散了（图9）。塔砖在民间有“辟邪宜男”之说，当年雷峰塔倒塌以后，塔砖也被哄抢一空，万佛塔的塔砖有可能也是散落于民间了。

清理这地宫的时候，发现这永福寺应该是建于吴越时期，但万佛塔的建造时间不同于寺院，是因寺建塔，塔的建造是在北宋嘉祐年间。

这件菩萨像出土的时候是铜绿色的（图10）。有很多铜鎏金的佛像，因为鎏金不够厚，所以很容易由里向外锈蚀，最后即便是个鎏金的，看着也都锈迹斑斑。一旦把锈迹清理掉，它有时候还能还原个大概。

这尊大势至菩萨长什么样呢？首先，菩萨像的身后是有装饰的，饰有大莲瓣形的通身背光，上头浅刻有钩形火焰纹。于佛顶处还装饰着一个插花宝瓶，就是前面说的大势至菩萨标志性的装饰。

菩萨头戴三朵簪花，身躯较为壮硕，右手施无畏印，左手施与愿印，形态十分传神。关于手印问题，在讲广胜寺《药师经变》壁画时介绍过，这里就不多说。

图9 万佛塔佛像砖
金华文物部门藏

图 10
南朝 铜鎏金大势至菩萨立像（去锈前）

菩萨的衣着式样，比如身前交叉穿璧式的璎珞、衣服上特规整的波状起伏的衣纹，还有衣裙下部外撇的式样等等，都特别具有当时的特色。专家将这尊造像的铸造年代大体确立为南朝齐，这是目前我国所见年代较早的金铜造像之一，也是年代较早的佛教文物之一，对早期佛教文化的研究非常有价值。这尊大势至菩萨像，对研究南北朝佛教文化的交流，以及南朝造像对山东地区、朝鲜半岛金铜造像的影响，都具有深远意义。

这尊造像是 1957 年发现的，那会儿文物多，人们都没把这当事儿。到了 1970 年代，这尊佛像还曾一度失踪，不知发生了什么，就找不着了。失踪了多长时间呢？失踪了四十四年，将近半个世纪。

在这里，就得提一个人了，他就是浙江省博物馆的研究员黎毓馨，他也是雷峰塔地宫考古发掘的领队。2003 年，他在整理吴越国佛造像资料时发现，出土这类造像最多的地方就是金华万佛塔。他在一本和手机大小差不多的书中，翻到一张这尊佛像的黑白照片。他说："这佛像的风格与吴越国时期的不一样啊，比隋唐的要早，很可能是一尊南朝佛像。如果真的是南朝佛像，那么这件文物不仅可以改变我们对南北朝佛教的印象，而且还可以支撑我们整个南朝的佛教史。"

这张黑白的小照片是浙江省博物馆藏的，黎毓馨看到这照片后，就开始找这尊佛像。但他翻遍了所有的库房，没找着！最后实在没办法了，他只好把这黑白照片打印出来，贴在办公室书柜的显眼处，时刻惦记着，心想一定得找到。

后来这东西还真给找到了！怎么找到的呢？有两种说法。

一种说法是，1970 年代，柬埔寨西哈努克亲王到中国期间，这尊佛像被借到了浙江天台山国清寺。西哈努克亲王笃信佛教，东南亚到现在也都是佛教盛兴，他到中国的时候，就跟度假似的，到处转悠。

天台山国清寺因为被毁了，所以就从其他地方借了一部分展品来给他看。1966 年因"文革"被封闭的灵隐寺，也是由于西哈努克亲王的到来，重新开放了。这尊佛像就这么被借到了国清寺，因为当时的情况，也不是那么在意，借了也没人再去追，也没人还，佛像就在国清寺里一搁就搁了四十多年。直到 2015 年，这件珍宝才重新回到浙江省博物馆。

还有一种说法，佛像借出是因为日本首相田中角荣。

1972 年，日本首相田中角荣访华的时候提出了一个要求，他希望到浙江天台山国清寺去朝拜，因为那是日本天台宗的祖庭。田中角荣的母亲是个虔诚的天台宗教徒，叮嘱他一定要替自己去国清寺朝拜。当时国清寺已被严重毁坏，无法满足田中的愿望，之后周总理立马下令重修国清寺。

有资料记载，国清寺的修复的确是因为日本田中角荣首相。为了这件事，又从北京故宫博物院搬了 109 件佛像、供器等珍贵文物到国清寺。那这尊大势至菩萨也可能就是那时候被调拨到国清寺的。

究竟因何人何故，大势至菩萨去的国清寺，到这会儿其实没那么重要。重要的是菩萨失而复得，更重要的是这样的文物明确是从塔基出土的。有这样的文物存在，证明了在南朝，以及同时期的北朝，大规模崇尚佛教，同时制作了如此精美的佛像，成为那个时期中国人的精神追求。

058

汉·「五星出东方利中国」锦护臂

新疆维吾尔自治区博物馆藏

扫码听我讲
国宝故事

故事发生在新疆塔克拉玛干大沙漠。

现在的新疆维吾尔自治区有众多的古城遗迹，像常听人说的楼兰、高昌，还有交河古城、北庭故城等等。为什么这个地方有那么多古城？因为它历史上并不缺水。我们今天的沙漠，历史上不一定完全是沙漠。

在汉以前，新疆有很多地方水草丰美，完全是个绿洲，人丁兴旺。后来水断了，人们才逐渐逃离。所以新疆的各条河流是孕育过很多绿洲文明的。古代的尼雅河就是一条这样的河。它从昆仑山发源，一路向北流向塔克拉玛干腹地，沿途滋润了大大小小的绿洲。一说中国的大河，大家想起来的首先是长江、黄河这两大母亲河。她们都有无数的支流汇入，最终流入大海，这是中国河流中的主流。但我国还有很多河是内陆河。

所谓内陆河，就是它不往海里流，最后注入湖泊，或者注入沙漠，就消失了。像塔里木河，它最后就流没了。新疆的河基本上是这样的。它们大多数是周围山脉上的冰川融水汇集流下来。夏天水量丰沛，水流湍急。湍急到什么程度呢？一旦这水没过了膝盖，就连走道儿都困难了，随时都可能把人冲倒。这类河，我去新疆的时候走过。这水只要过了膝盖，你就开始恐惧。一到秋天、冬天的时候，水量下降，这种河几乎就没了。古代的尼雅河就是这么一条内陆河。

1901 年 1 月，英国探险家斯坦因在他的考察途中，发现了一处在尼雅河附近沉寂千年的古代绿洲遗址（图 1）。所以，斯坦因就用这河的名字

图 1 斯坦因

给这个发现命名，取名“尼雅遗址”，后来的人们也把它称作“尼雅古城”（图 2）。说起斯坦因，更为人所熟知的，就是他当年从敦煌的王道士手中买走了千佛洞里堆积如山的经卷、文书、绣品，并把它们运到了伦敦。由此，敦煌文物轰动了整个欧洲（图 3）。而“尼雅”的发现，比敦煌文物的发现还要早六年。

尼雅遗址，位置在今天新疆的和田民丰县境内，位于古代丝绸之路南道上。尼雅河原来流量很大，历史上可以流到尼雅遗址的位置，但后来水量逐渐减少，直到在这里消失了。再加上战乱，以及丝绸之路的重心改变等一系列原因，大约到了魏晋时期，尼雅古城就被废弃了，不再有人居住。如今这里已是茫茫沙海。

这遗址有一百多平方公里，面积很大，散布着残存程度不一的许多遗迹。能够辨认的有房屋、佛寺、古桥、果园等等。近年来有不少影视剧都是以此为本创作的。

斯坦因从 1901 年首次发现尼雅到 1931 年最后一次进入遗址，三十年

图 2 尼雅遗址

图 3 敦煌千佛洞经卷

间，他前后共四次以考古发掘的名义进入。他在这里发现大量汉代至魏晋时期文物，把它们运回了西方。其中既有佉卢文书也有汉文简牍，更有大量的木、铜、金、陶、琉璃器和各式丝织品，引起了不小轰动（图 4）。

当时遗址最受瞩目的发现是多达数百件的佉卢文书（图 5）。佉卢文是一种古老文字，发源于古代犍陀罗地区，大致位于现在的印度、阿富汗和巴基斯坦在北部的交界地带。

佉卢文在中亚流行了几个世纪，后来随着佛教一路向东沿着丝绸之路传到我国的新疆地区。公元 4 世纪后，随着贵霜帝国的衰落，佉卢文也逐渐退出了历史舞台，成了无人认知的死文字。这文字长得啥样？它俗称“蝌蚪文”，明白了吧？

尼雅遗址发现的佉卢文书正是佉卢文字和佛教东传的有力证据。另外，遗址内发现的建筑装饰物和家具纹样同样带有明显的犍陀罗佛教艺术风格，也是很好的佐证。当时，这些发现都震惊了西方考古界。

然而，斯坦因的这些考古挖掘行动，实际上造成中国文物流失海外。在他 1931 年第四次进入尼雅时，遭到中国政府和学者的坚决反对；有识之士呼吁保护祖国文物，不能再容忍他的行为。可是，当时国内并没有能力阻止他的行动。

这次他在尼雅的废墟中发现了一批汉简，其中一枚上面清晰地写着“汉精绝王”的字样。这一发现不得了啊！后世学者据此论证，这里的精绝王指的是精绝国王，尼雅正是汉代西域三十六国之一的精绝国都城——精绝城。这批汉简当时被斯坦因带回了英国，现收藏于大英图书馆。这之后，国内的局势就大大地动荡起来，尼雅的考古也就此沉寂下去。

新中国成立后，1959 年，新疆维吾尔自治区博物馆组织考古队对尼雅遗址进行了调查和发掘。其中有一件著名的文物，是有犍陀罗丰饶女神图案的东汉印染棉布，这位丰饶女神的样子带有明显的古希腊风格，又一次

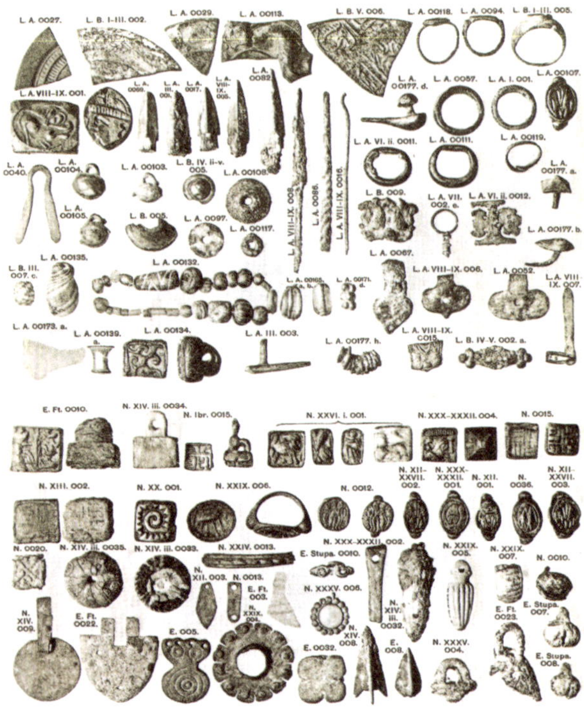

图 4 尼雅等遗址出土的印章和各种小型石器、金属器具、琉璃器具等

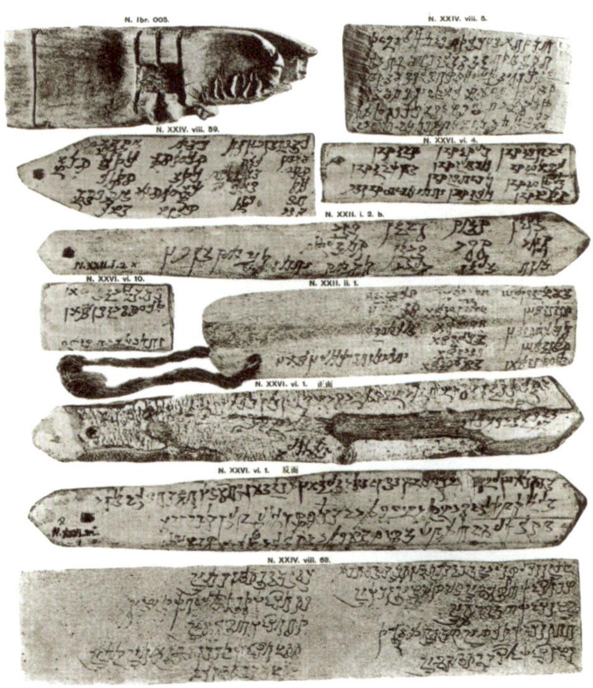

图 5 尼雅遗址出土的佉卢文木牍

图6 东汉 人物印染棉布(局部)
新疆维吾尔自治区博物馆藏

证实了东西方文化在尼雅的相遇(图6)。此后,对尼雅的考古活动就没断过。

1988年起，中国、日本联合组织了“中日共同尼雅遗迹学术考察队”，又来到尼雅遗址开展调查和发掘。

1995年的10月，新疆文物考古研究所在参加中日共同考察尼雅遗址的过程中，于前往勘察点的途中，偶然发现了一处墓地，对其进行抢救性清理发掘，获得了重大发现。这回要讲的国宝——“五星出东方利中国”护臂织锦，就出现在这个墓里（图7）。

过去有句老话：踏破铁鞋无觅处，得来全不费工夫。此次考古最大的收获，就是偶遇的这个墓葬，我猜那里肯定还有好多被风沙掩埋的墓葬。

这处墓葬地处尼雅遗址区的北部。墓葬被发现时，部分棺木已暴露在外，经长年风沙吹蚀，木棺已有部分糟朽了(图8)。考察队为了保护墓葬，只做了基础的记录、测绘和摄影之后，就将墓葬整体运往乌鲁木齐，在安全的条件下开始细致的清理工作。

依次揭开覆在棺盖上的彩色几何纹毛毡，打开木棺盖，考古人员发现

图 7 汉代 “五星出东方利中国” 锦护臂
新疆维吾尔自治区博物馆藏

8 号墓内并排合葬了一男一女，棺内有众多随葬品，种类丰富，保存状况很好（图 9）。

墓主人是一位 45 岁左右的中年男性，身高只有 164 厘米，个儿不高，在当时算中等身材（图 10）。男子下葬时，身着白绢套头长衫、裤子，外穿长袍，这些服饰的边缘都用各式锦缎装饰，能够辨认的有“文大”锦、“延年益寿长葆子孙”锦、“宜子孙”和“安乐绣”锦。

另外，头下还枕着长方形绛红色的，上面有“安乐如意长寿无极”字样的锦枕。他的右侧放置了弓、箭、弓袋、箭袋和木叉，木叉上还绕系着刀鞘、锦帽、梳篦袋。右臂上系着一件用织锦做成的护臂，上面有两行相同的字，内容是——“五星出东方利中国”。

护臂当时出土的时候，所有人大吃一惊。我们“五星”“中国”这概念都是后来才有的，五星红旗是 1949 年通过政协会议定下来的，在两千年前的文物上怎么会有“五星出东方利中国”这样的字眼呢？后来去查《汉书》，《汉书·赵充国传》上就有“五星出东方，中国大利”的记载，从这点上，物证和文字相吻合了。

女性墓主人左侧放置了一件木叉，上面裹着毛织物、虎斑彩锦织袋、帛鱼和皮革包裹的小圆木桶（图 11）。女子身着棉质长裙，外套百褶边的红绢长袍，随身佩戴料珠项链，其中还有四颗精致的蜻蜓眼料珠。头下枕的是“千秋万岁宜子孙”锦枕。

随葬品中还有一些生活使用的器物，放在二人脚下。几件木质杯子、木盆子，两件带流的陶罐。尤其是其中一件陶罐，它的颈部用墨书写有汉字“王”（图 12）。再结合整个棺内其他丰富的随葬品、墓主人穿着的华贵服饰、种类多样的丝织物，推测墓主人生前是比较有身份的。

新疆的文物，跟内地的文物有一个不同，就是它保存得特好。两千年的时间，东西跟新的一样，这是因为新疆干燥的气候。

图8 墓葬清理现场

图9 男女墓主

图10 男墓主

图11 女墓主

图 12 汉代 “王”字陶罐
新疆维吾尔自治区文物考古研究所藏

“五星出东方利中国”织锦护臂，基本形状是个长方形，两边各缝缀三条黄白色的绢带，方便绑系在手臂上。从墓中随男主人陪葬的弓、箭和箭袋来看，男主人生前应该能熟练使用弓箭，这样的护臂就是在引弓时保护手臂用的（图 13）。

护臂正面用一整块织锦做成，这片织锦长 16.5 厘米，宽 11.2 厘米，基本也就是我们巴掌大小这么一块。虽然它在地下掩埋了超过千年，出土时仍然平挺厚实，上面的色彩艳丽如新，图案清晰可辨。

各式图案题材丰富，有星云、孔雀、仙鹤、虎、龙、辟邪、瑞兽等，是典型的汉代流行纹饰。这些图案看似杂乱无章，仔细辨认就能发现它们是成组循环出现的。上、下两组花纹之间，自右向左平铺织出八个小篆文字。这些文字非常抢眼，想忽略都难——“五星出东方利中国”，也就是这枚织锦护臂名称的由来（图 14）。

“五星出东方利中国”锦，它的织造结构，在专业上应该叫作“五重平纹经锦”。就是说这幅锦是由五组经线和一组纬线构成的。五色经线分

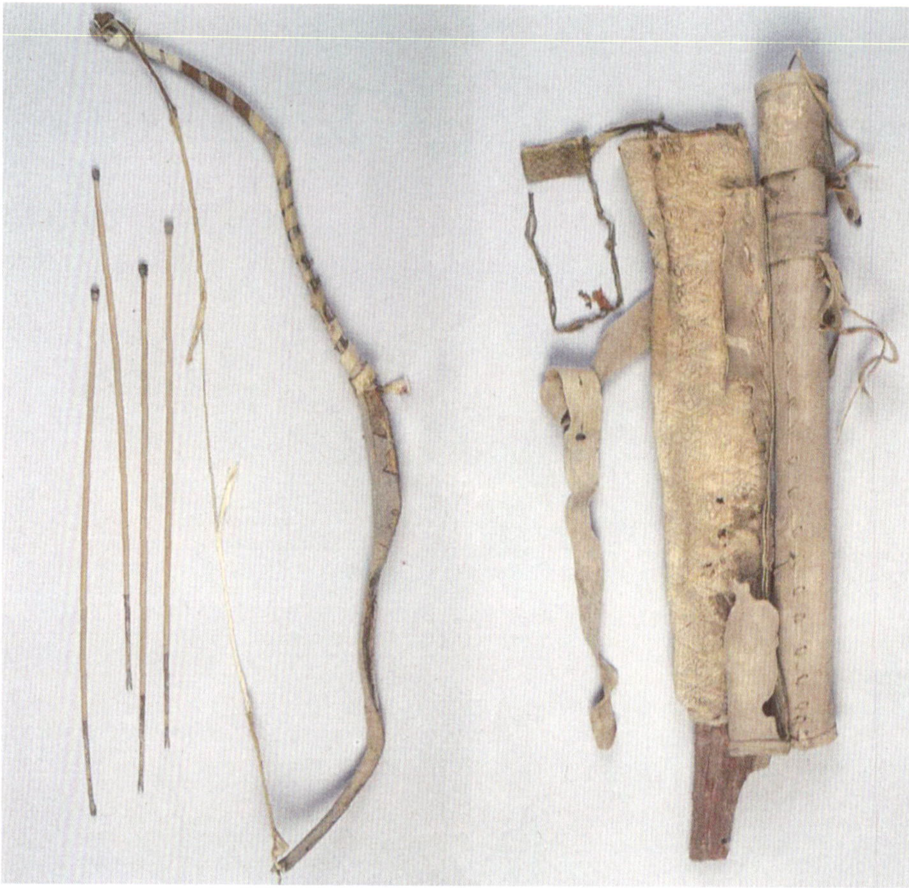

图 13 弓、箭和箭袋

别是宝蓝、草绿、绛红、明黄和白色。这些经线决定了织锦的图案和颜色，纬线只起到固定的作用。所以我们再来细看“五星出东方利中国”锦时，就能理解为什么在每平方厘米上经线能够达到 220 根之多，而纬线只有区区 24 根。二者相差之悬殊，正是因为经线、纬线作用不同。

我们早期的织锦方式跟后来完全是反向的。现在你在大部分旅游景点看到的复古织布，往往经线是单色的，然后用彩色的纬线来织。单色经线在织好后就被盖住了，所以看不见。但汉代时织的锦，跟我们现在看到的正相反，它用经线分出不同的颜色，纬线不起装饰作用，所以尼雅出土的

图 14 “五星出东方利中国”锦护臂（局部）

织锦都是经线出花。

我们再来看看，同样在墓中出土的“千秋万岁宜子孙”锦（图 15），也是这样的织法。它的制造结构是“三重”的，只用了藏蓝、绛红和白色三组经线，每平方厘米内经线只用了 154 根，纬线也是 24 根；织锦的色彩效果看起来显然比“五星出东方利中国”锦要简单一些。这么一对比，就能发现“五星出东方利中国”锦工艺的复杂程度了。

这次在尼雅出土的这些图案精美、织造工艺复杂的织锦，多为蜀锦，是研究丝绸工艺史的难得珍品。以这块“五星出东方利中国”锦为代表的平纹经锦，是汉代以来典型的中国传统织造结构。平纹经锦的织造工艺在汉代已达到成熟发达的程度，并沿着丝绸之路不断向西传播，尼雅墓葬中丰富的丝织物发现正是这种技术西传最好的佐证之一。

随着丝绸西传的，还有养蚕、缫丝、纺织的技艺。当波斯人掌握丝绸织造技术后，发展出了以“纬线起花”工艺织成的“斜纹纬锦”，就是所

图 15 “千秋万岁宜子孙”锦

图 16 平纹经锦组织与斜纹纬锦组织

谓的“波斯锦”，它与我们的“平纹经锦”的工艺正相反（图 16）。波斯锦沿着当年丝绸工艺西传的路线，大量返销中国。波斯锦在唐代以后对中国的织锦影响至深，我们今天大量的织法都是在这个路子上发展起来的。

“五星出东方利中国”这句话，是我国古代天文星占用语，在古籍里能找到。比如，《史记·天官书》里说：“五星分天之中，积于东方，中国利；积于西方，外国用兵者利。”

“五星”是指金、木、水、火、土五大行星。这里说的“东方”是指星辰出现的东方天域。古人认为地分九州，把中原地区称为“中国”。所以“中国”是一个很古老的，而且一直沿用下来的称呼。连起来的“五星出东方利中国”，就是说金、木、水、火、土这五颗星同时出现在了东方的天空，是非常有利于中国的天象。它的意思非常明确。

回过头来再看另外一件文物。这是一件和“五星出东方利中国”锦的组织结构和图案风格都基本相同的小块织锦，它上面有另外三个小篆汉字——“讨南羌”（图17）。通过研究这两块织锦，有的学者推测它们可能连续为“五星出东方利中国…讨南羌…”。

历史上中原真的借着“五星出东方利中国”的吉利天象去打了南羌吗？你可要失望了，史籍里没有完全相符的史实。

但是，《汉书·赵充国传》里记载了一件非常相似的事情。在西汉宣帝神爵元年（公元前61年），皇帝任命将军赵充国全权管理抵御西羌的事务。你看，这里说的是西羌，而不是南羌；所以，我们也不能完全确定织锦上

图17 “讨南羌”锦

图 18 “五星出东方利中国”“讨南羌”锦缀合复原示意图

指的就是这次事件。

当时双方的情况非常复杂，赵充国就迟迟没有出兵，这不是让皇帝着急吗？汉宣帝就一边给赵充国增派兵力，一边催促他尽快应战。皇帝下了一道谕旨，大意就是说，现在五星都汇聚在东方，对我大汉用兵非常有利，敢用兵深入的一方就能取胜。赵充国你倒是快冲呀，可千万别再犹豫了。看来，宣帝非常相信“五星出东方利中国”的天象。

那么，究竟是“南羌”还是“西羌”呢？考古发现了一件织有“五星出东方利中国…讨南羌…”文字的织锦（图 18），但史籍记载的又是赵充国与西羌交战。这是笔误？还是记载的就不是一件事？那我们就说不清了。也许以后的考古发现，还有其他文物能支持我们慢慢解释这件事。

现在，我们看着这两件文物，它们之间有着千丝万缕的联系，但还是有些疑问没有办法完全印证。历史就是这样，给你机会，又不完全给你机会。

059

龙山文化·蛋壳黑陶高柄杯

山东博物馆藏

北宋有个人，叫吕大临。他在1092年，也就是北宋元祐七年的时候写过一本书，叫《考古图》。《考古图》记录了当时朝廷及私人所收藏的铜器和玉器。这个“考”字，是考据、论证的意思；“古”，是古物，也就是现在说的文物。《考古图》就是一本考据、论证你手中的文物是什么时候物件的书。全书共十卷，是中国现存最早的有系统的古器物图录。因此，吕大临被视为中国考古界的始祖。

现在一说考古，第一反应就是向下挖。可过去的文人怎么可能挖别人的墓呢？首先，从道德上他就过不去。要知道吕大临可是“程朱理学”的代表人物之一程颐的学生，是程门四先生之一。

直到一百年前，在中国，考古还只是老学究的事情，拿支笔，埋头故纸堆里，只是考证而已。从吕大临的《考古图》，到宋徽宗的《宣和博古图录》、赵明诚的《金石录》，一直到清代吴大澂的《窸斋集古录》、李佐贤的《古泉汇》等等，中国古代的学者都采用了这种老法子。

但现在的考古是一门科学，由西方人建立，是研究人类古代历史的一门学科。“考古”这个词，在希腊语中的本义是追溯事物的本来面貌，跟我们的考古意思相同。西方的考古重视证据，会大范围地挖掘、勘测，根据发现的实物来断代。这里有一个专门的术语，叫“文化层”。文化层是先民活动的遗迹和其他遗物形成的堆积层。一般情况下，一个堆积层代表一个时期，年代近的在上面，年代远的在下面。

图 1 吴金鼎先生

西方的考古进入中国后，当时的文人还是沿用了“考古”这个词。

中国现代考古学的奠基人是李济（1896—1979 年），湖北钟祥人，1918 年官费留美，1922 年毕业于著名的哈佛大学，获博士学位。回国后他受聘于清华大学，任国学研究院的讲师。1928 年至 1937 年，他主持了震惊世界的河南安阳殷墟的发掘工作。在此之前，商朝只是一个传说，而他证明了商朝的存在，这是人类文明史上最重大的发掘之一，在中国考古史上具有里程碑的意义。

常言道：严师出高徒，强将手下无弱兵。李济先生很厉害，他的学生也很厉害。1926 年，在清华大学国学院的第二届学生中，有一个来自山东安丘的学生，叫吴金鼎，在李济先生指导下学习。受老师的影响，吴金鼎确定了毕生从事考古的志向（图 1）。

1927 年，完成国学研究院的课程后，吴金鼎回到母校齐鲁大学担任助教。其间，吴金鼎时常利用假期在省内进行一些考古的实地考察工作。起初，他的计划是考察章丘县（今章丘市）龙山镇镇东的汉代平陵故城遗址。章丘的大葱最有名，长得很高，有“葱王”之称，特别是葱白，长达五六十厘米，而且非常甜，适合蘸大酱吃。山东人爱吃生大葱，指的就是这种大葱。你们家的葱辣，山东人不爱吃。

图2 城子崖遗址南面

从龙山镇到平陵遗址有2.5公里的距离，中间经过城子崖。城子崖位于武原河畔的一块台地上，高3到5米，地势隆起，宛如城垣，故称“城子崖”。因年代久远，有许多民间传说。

1928年3月24日上午，吴金鼎又经过城子崖的时候，想起了一个美丽的传说：当地有个规矩，新娘子的花轿是不能从城子崖经过的，因为断崖年代久远，里头有好多狐仙。据说有一家娶亲，轿夫图省力抄近路，经过了城子崖。结果花轿抬到新郎家，掀开轿帘的时候，里面居然坐着一模一样的两个新媳妇，其中之一正是狐仙所变，可把新郎吓一大跳。新郎初看，心中大喜，继而大骇，不知所措，两个媳妇，一喜一悲，哪个是真的？

吴金鼎快要走出城子崖地界时，他不由自主地回头一望，这一望竟然有了重大发现！路沟边断崖横截面在阳光的照射下，一条延续近六米长的古文化地层带清晰可见（图2）。这可真是“外行看热闹，内行看门道”，行家就是行家。结果在沟里的残砖乱瓦中，吴金鼎发现了一块厚石片，上面雕有圆圈的形状，捡起来一看，居然是汉代的钱范。当时因为时间的关系，他没能更多地去了解。

同年4月4日，吴金鼎第二次来到龙山，发现断崖有火烧的痕迹，红土的堆积很厚，崖上的灰土包含层极为显著。经过挖掘，吴金鼎发现了两枚骨锥，从制造的粗糙程度上看，他推测应该还有石斧、石刀等等。骨锥是新石器时期非常重要的文物，由此他断定，这个遗址的年代要比汉代久远得多（图3）。

7月31日第三次到龙山，吴金鼎邀请了自己的同学。这一次，他在地平线下一丈二尺的地方凿了一个斜洞，挖了才半尺深，就发现了一个完整的石斧。第二天，他进行了全面勘察，发现层的土色不是红色就是灰色，包含的物品以陶片居多，还有骨、贝、石器等等（图4）。单从陶器看，最下层有一种黑色油光陶片，还有一种白色陶片。吴金鼎就想，前不久国内发现了仰韶文化，它以彩陶为特征，那这里的油光黑陶是不是另一种文化呢（图5）？

8月12日，吴金鼎第四次前往龙山，前后待了五天。他绕着城子崖遗址东南西北勘察一遭，要知道，遗址的范围是很广的。最后，他推测，城子崖遗址的灰土层是最古老的。

之后，眼瞅着就到秋天了。9月28日，吴金鼎第五次去龙山。他在遗址中部发现一片被水冲刷得极为明显的区域，他称为“冲刷层”。在这里捡到了一把完整的石刀和一把带孔的半块石刀，还有破碎的石器、陶片等等。当地的农民就跟他说，这个地方处于鱼脊骨上，石块较多。回去后，吴金鼎就下了决心——“将来如果能如愿以偿，一定在鱼脊骨上凿百丈长的深沟，一探究竟。”

到了10月9日，他第六次去龙山。勘察如此密集，说明吴金鼎心态急迫。这次，他改用“向壁深凿法”，在大道旁东西两台的最高壁上凿洞。每获

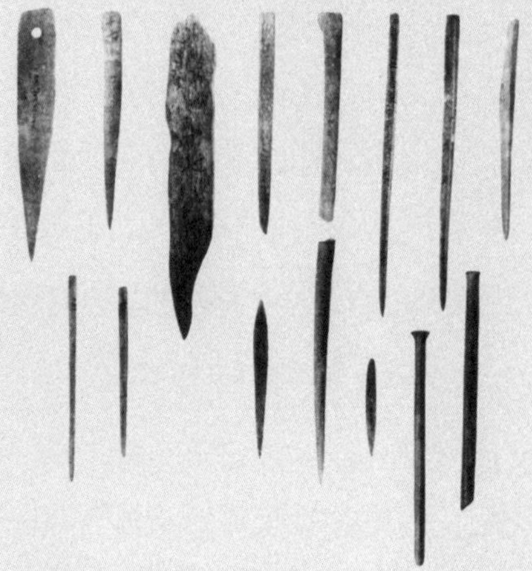

图 3 城子崖遗址出土骨器

图 4 城子崖遗址出土石器

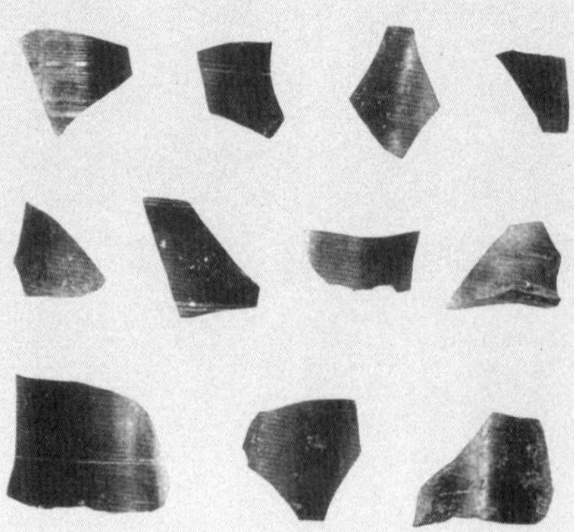

图 5 城子崖遗址出土黑色陶片

一物，他都记下离地的深度，以及其在遗址中的位置。这次勘测，满载而归！后面的事情大家都知道了：吴金鼎在城子崖遗址的发现轰动了整个史学界，引起了专家和学者的高度重视。于是，在 1930 年 11 月初，中央研究院及山东省政府联合组成了“山东古迹研究会”，研究确立遗址的发掘计划后，迅速组织了对城子崖的第一次大规模正式发掘。研究院方参加这次发掘的有吴金鼎的老师李济和他本人，还有董作宾和郭宝钧。1931 年，梁思永、吴金鼎等做了第二次发掘。可以说，中国考古界的精英，大多数都来参加了。这是中国人首次独立完成整个考古过程的史前遗迹发掘，并取得了重大成果。这次发现，因遗址位于龙山镇，所以定名“龙山文化”；又因为黑陶是其典型特征，所以又叫“黑陶文化”。

发掘工作结束后，吴金鼎完成了著述《龙山黑陶文化之今天的观察》，这是考古学者关于龙山文化最早的文章。傅斯年、李济、董作宾、梁思永、吴金鼎等编著的考古报告集《城子崖》，揭开了中国史前文化研究的新篇章。

要知道，1921 年，瑞典考古学者安特生在河南渑池仰韶村发现了仰韶文化，之后就提出了“中国远古文化的根在它的本土之外，是由西方经西亚地区传入”的假说。这一假说在中国学术界引起强烈反响，中国的考古学家对此表示怀疑，并提出了“上穷碧落下黄泉，动手动脚找东西”的口号。而城子崖遗址的发现，证明中国远古文化至少有一支源于华夏本土，从而推倒了“中国文化西来”说。

自城子崖遗址发现以来，考古学家分别在山东、河南、陕西、山西等地发现了这一时期的文化遗存。龙山文化，后来泛指中国黄河中下游地区约新石器时代晚期的一类文化遗存。因其文化面貌不尽相同，所以又分别命名为河南龙山文化、陕西龙山文化、山西陶寺类型龙山文化，所有这些通称为“龙山时代文化”。

山东龙山文化又称“典型龙山文化”，属新石器晚期，主要分布在山东省的中部、东部和江苏省的淮北地区，年代约相当于公元前 2500 年 - 前 2000 年。目前经过发掘的主要有山东章丘县城子崖、潍坊姚官庄、潍县鲁家口、胶县三里河等多处遗迹。

龙山文化里面的陶器最具代表性的就是黑陶。这黑陶我们平时见得并不多，我们见到的大部分是红陶和灰陶。其实，这黑陶和红陶没什么太大差别，烧造中就是多了一道工序而已。

这工序今天的科学解释叫“渗碳技术”。可当时古人并不知道，我们只能推测，可能古人烧窑即将结束的时候正好赶上一场大雨。这雨水就顺着窑顶灌进去了，这火就灭了，烟就起来了，这烟里面的碳分子飘浮在窑膛里，就被窑里的陶器吸附了。等雨停了打开一看，本来想烧的陶器都变了色，成了黑色，这就是黑陶。

这样烧成的黑陶，古人发现比过去烧的红陶要结实耐用，慢慢地就开始追求这种方法，把它总结出来，刻意去烧制黑陶。由于黑陶烧造的技术比较困难，所以产量就少，物以稀为贵，黑陶在当时就非常高档，今天看起来显得格外珍贵。

我们了解一下陶器。一开始的陶器都是手工制作，大一点儿的就采用泥条盘筑法，小的直接拿手捏，所以它的胎体比较厚，表面也没那么平整。到了龙山文化时期，陶器已经采用了陶轮轮制的方法。轮制法是陶瓷制造技术的一大飞跃。有了轮制法，才能制造出很薄的胎体，胎一薄，就显得精致。龙山黑陶的造型有鼎、鬶、甗、罐、盆、豆、杯等等。其中很多器物的造型是青铜器的前身。

这回讲的国宝是一件蛋壳黑陶高柄杯，现收藏于山东博物馆（图 6）。

这杯子最大的特点就是薄。有多薄呢？就跟吃的鸡蛋的蛋壳那么薄，再说厚点儿就是鸭蛋壳，最厚也超不过鹅蛋壳，最薄的地方大概 0.2-0.3 毫米，所以这类陶器俗称“蛋壳陶”。

图 6 新石器时期龙山文化 蛋壳黑陶高柄杯
山东博物馆藏

再有，这杯子造型瘦高，跟同时期的器物完全不一样。我们古代使用的杯子一直都比较矮，口大，显得敦实，放在桌子上也很稳。但这杯子正好相反，个头高，大概有 22 厘米高，口特小，口径 8.8 厘米，头重脚轻，跟今天宴会使用的高脚杯很相像，非常容易打碎。高脚杯最容易打碎，就是由于它重心比较高，又非常薄，所以今天一般是比较正式的宴会才使用。从使用的角度讲，这种造型十分不合理，但从文化的角度讲，高脚杯有极强的仪式感。

蛋壳黑陶高柄杯只在龙山文化中出现，这是个文化奇迹。这个独特的文化在其他地方都没看到过，这一点很重要。比如说彩陶，在很多文化当中都有发现，仰韶、马家窑都有，很普及（图 7）。但蛋壳黑陶其他地方没有，

图 7 新石器时期仰韶文化 彩陶双连壶 河南博物院藏

这说明烧造非常困难。这么不好烧，也不实用，为什么还要做呢？只有一个原因，就是当时的龙山文化发达到了一定高度，人们有了潜意识的文化追求。这东西即使到了现代，烧造都很困难，更不用说四千多年前的古人了。

中国工匠很喜欢在工艺品中炫技，薄就是一种炫技。比如今天的薄胎瓷，薄如纸；比如今天的脱胎漆器，胎体几乎不见；比如丝织品，近乎透明；比如玉器中有一种痕都斯坦玉，也薄如蛋壳。

把工艺品做得这么薄，第一，成本高，容易破损；第二，没什么使用价值。那为什么这么多人乐此不疲，工匠又拼命炫技呢？那是因为我们民族在物质达到一定高度的时候，需要精神上的追求。这类超薄的工艺品无非是个例证，证明我们的历史曾经达到的高度。

060

北宋·磁州窑白地黑花「枕赋」铭长方形枕

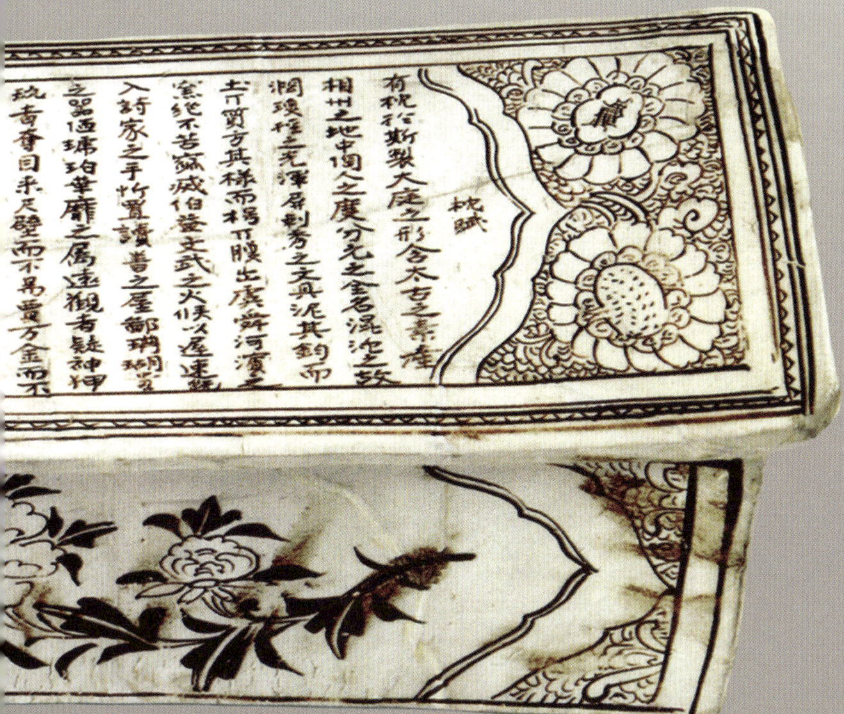

西汉南越王博物馆藏

扫码听我讲
国宝故事

讲定窑孩儿枕的时候，提到要专门讲一回瓷枕，这回就以西汉南越王博物馆馆藏的一件非常重要的枕头来说说。

之前提到西汉南越王博物馆，说的是南越王墓出土的文物。这回讲的这件枕头，不是从这墓中出土的，而是由香港实业家杨永德先生及其夫人捐赠的，在博物馆的瓷枕专厅中展出（图1）。

杨永德先生是一位香港实业家，也是一位文物收藏大家、鉴赏家，被誉为“爱国藏家”。他出生于1921年，比我父亲还大几岁，祖籍广东鹤山市共和镇南庄村。他到香港经商，经过自己艰苦创业，从小到大，从逆境到顺境，成功地成为一位工商业巨子。他与夫人志趣相投，酷爱陶瓷，对中国古代陶瓷，尤其瓷枕特别钟爱，收藏之精，享誉遐迩。

我和杨永德先生早年认识，他在当年的香港收藏家里特立独行。那时候的香港收藏家都热衷于买官窑、高古玉器等等，但杨先生比较专一，他专买瓷枕。我听说杨先生，也是因为圈里的人都传他爱买瓷枕。

那些年我总去香港，到香港的时候就发现那些好的瓷枕都买不动。为什么？贵呀。人家告诉我，有一个藏家叫杨永德，这些枕头甭管你卖给谁，最后转多少个圈，最好的全转到他手里去了，所以瓷枕就变得特别贵。

我之前只听说过杨永德先生，但不认识，印象中也就是隐约记得遇到过他。因为香港的荷里活道就是一条街，一到能逛的日子，大量的藏家就

图 1 杨永德伉俪所捐赠陶瓷枕的展厅

在这条街上来回来去地逛，谁和谁都能看见。所以也就是印象中看到过他，没和他聊过。

后来有一次我去香港，人家告诉我，杨永德先生想找你聊聊。我就想，我这回有机会认识他老先生了。我在二十五年前写过一篇文章叫《宋人与宋枕》，说的就是这瓷枕。估计杨先生看见这篇文章了，所以就通过中间人和我说，想请我吃顿饭，跟我聊聊。那时候我到香港去，最不愿意让人请我吃饭，因为我那时候去香港，时间特宝贵，每次去都要一个店一个店地逛，需要很多时间，有很多事要做。就算你买不动东西，也可以学习到很多知识。你买不买都没关系，看到就值。

另外，香港人请吃饭，还不像内地大多数安排在晚上，香港人喜欢请人中午吃饭。我一开始一直弄不明白，为什么中午请人吃饭？它浪费时间啊。后来我才明白，敢情这中午请吃饭，便宜。

杨先生约了我几次，终于约到了，那天我就去赴约。我在宾馆准备了好半天，还特意换了身衣服，穿得很正式，准备好好去吃一顿。杨先生约我在荷里活道的一个店铺门口见面。我到了以后，就看到他拎了个包，走过来说："马先生，我跟这个店的老板很熟的，咱们就在里头吃吧。"我当时就纳闷，这是啥意思啊？

原来，杨先生是拎着麦当劳过来的。他说了好几次要请我吃饭，原来就是请我吃汉堡包！而且还不是在麦当劳店里吃，直接就在这古玩店的柜台前面，拉俩凳子往那儿一坐，边吃边聊。然后，杨先生还不停地跟我说，这个东西很好吃啊，有营养，是专业营养师配备的。所以那次，我吃了一顿很神奇的饭。

你想啊，香港一大富翁请我吃饭，就吃一麦当劳。其实我倒没觉得这有什么不好，从这顿饭中，能反映出杨先生的性格。他并不计较这些，也不认为这有什么不妥。你说他抠吗？但杨先生买东西以及他对待古董的态度，可一点儿都不抠。

1991 年，在广州西汉南越王博物馆成立之初，杨永德先生和他的夫人将多年来在海外搜集的两百件中国古陶瓷枕，无偿地捐赠给这里。这些藏品无论从数量、品种及窑口等方面来看，大部分都属于珍品，弥足珍贵。比如唐代巩县窑的黄釉绞胎印花如意形枕（图 2）、北宋磁州窑白地黑花持荷娃娃腰形枕（图 3）、金代山西长治窑的虎形枕（图 4）等，都是瓷枕里面的精品。

图 2 唐代 黄釉绞胎印花如意形枕 西汉南越王博物馆藏

图 3 北宋 磁州窑白地黑花持荷娃娃腰形枕 西汉南越王博物馆藏

图 4 金代 长治窑白地黑褐彩鸟纹虎形枕 西汉南越王博物馆藏

我们大家对枕头都不陌生，人一生中有很大一部分时间都要与枕头一起度过，所以枕头对我们每个人都很重要。

枕头有一个发展趋势，就是越来越软。软到今天像我这种人都不愿意枕了，枕头太软，实际上并不舒服。我记得小时候，在北方枕得最多的是荞麦皮枕头，据说它有很多好处，比如有助于调节血压血脂、防治心脑血管疾病，能促进睡眠，还有明目的功效。

但古人的养生跟我们现在讲究的不是一回事儿，他们对枕硬枕头这事儿并不抵触，用的枕头普遍都高，讲究“高枕无忧”。其实我年轻的时候，那枕头也高，有时睡觉都得枕俩枕头，时间长了也就成了习惯，这些年枕头才慢慢降低了。高枕对我们现代人来说是最不养生的，但“高枕无忧”确实是历史上存在过的一种文化。

古代的枕头分为两种，这个很好理解：一种是软的，一种是硬的。软枕头源于何时，现在已很难考证，因为它们出土的时候大多会烂掉。但现在有考古资料可以证明，至少在汉代就已经有精美的软枕头了。1959 年，新疆民丰尼雅遗址 1 号墓出土了一件东汉时期的“延年益寿大宜子孙”锦鸡鸣枕（图 5）；1972 年，湖南长沙西汉马王堆墓又发掘出一件黄褐绢地的枕头。

硬枕头由于材质的原因，留存下来的就比较多。人类使用硬枕头的时间比软枕更早。据考古发现，在新石器时代的山东大汶口文化遗址的墓葬

图 5 东汉 “延年益寿大宜子孙”锦鸡鸣枕
新疆维吾尔自治区博物馆藏

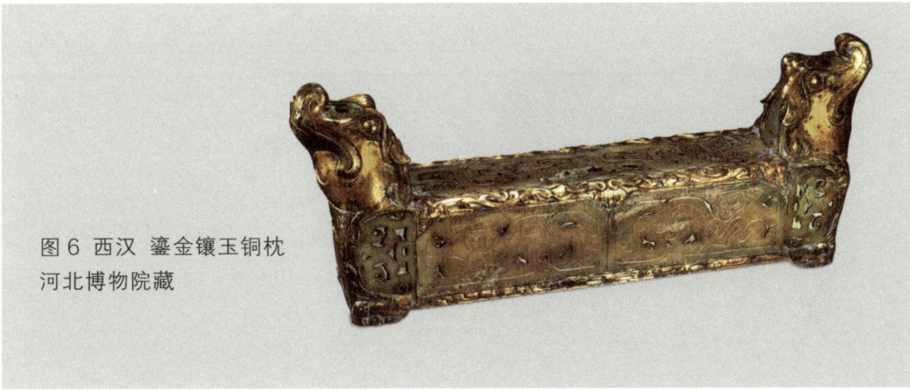

图 6 西汉 鎏金镶玉铜枕
河北博物院藏

中，有 90% 的人枕骨都较扁平，也就是所谓的“枕型”，这应该就是当时的人长期枕硬物造成的。1957 年，湖北考古队在位于黄冈市的螺蛳山遗址发掘时，发现了两块石枕。螺蛳山遗址的文化堆积为新石器时代到西周这一段时期，所以这两块石枕可能是现存实物中最早的硬枕了。到了汉代，河北满城汉墓、北京大葆台汉墓以及江苏徐州的西汉楚王墓里，都发现了不同类别的硬枕，有青铜的，有木头的，还有玉的（图 6）。

大多数人可能对古人枕硬枕头这事儿不好理解。确实，在有软枕头的时候，你肯定不愿意选择硬枕头。但在没有枕头的时候，甚至没有床的时候，这硬枕头就用得上了。我想起我过去在农村，干活累了的时候，直接枕着铁锹把儿就能睡着，反而觉得很舒服。不是有个成语叫“枕戈待旦”吗？古代人们枕着兵器都能睡着。再有就是我们经常提到的“曲肱而枕之”——“子曰：‘饭疏食，饮水，曲肱而枕之，乐亦在其中矣。’”我想每个人都枕过自己的胳膊吧，只不过有时候就枕麻了，有时候没枕麻，我每次都能给自个儿枕麻了。孔子说“曲肱而枕之”，这胳膊是你随身最方便的一个枕头。

硬枕里面最多的一类就是瓷枕。关于瓷枕最早烧制于何时，目前尚没有明确可寻的记载。但河南安阳隋开皇十五年（595 年）张盛墓出土的瓷

图 7 唐代 褐釉剪纸花纹长方形枕
西汉南越王博物馆藏

枕模型，这表明，至少在隋代，瓷枕已开始使用。唐代由于制瓷技术不断提升，陶瓷枕就开始流行，实物遗存非常多（图 7）。但隋唐瓷枕普遍都个儿小，业内一般认为，这是作为脉枕使用的。什么是脉枕呢？你去看中医，垫在你手臂下面的那个东西就叫脉枕。

之前说过，可以把瓷枕的造型简单分为两类：一类是非具象的，几何图像或者一些简单图像，比如六角形、八方形、腰圆形、云头形、鸡心形等等；另一类是具象的，比如侍女枕、孩儿枕，还有就是动物形枕，比如大家都知道的虎形枕、狮形枕，到了清代、民国还有猫形枕。这些动物形枕头一般都是辟邪、镇宅用的。故宫博物院有一件磁州窑的枕头，在枕面的右边画了只狮子，左边写了俩字——“镇宅”，来表达古人祈求平安、逢凶化吉的美好愿望（图 8）。

具象中，有一种非常复杂的造型枕，比如首都博物馆的那件元代青白釉戏剧舞台人物瓷枕（图 9）。观复博物馆里也有一件很复杂的瓷枕，外面是屋子，屋子里表现的是春宫主题。

瓷枕的变化有一个规律，由隋到唐、由唐到宋、由宋到金元，枕头是逐渐变大的，金元的枕头大的能有 40 多厘米（图 10）。当然我们说过，这个规律并不绝对。

图 8 北宋 磁州窑白地黑花“镇宅”铭狮纹枕 故宫博物院藏

图 9 元代 景德镇窑青白釉戏剧舞台人物纹瓷枕 首都博物馆藏

图 10 元代 绿釉刻花墙纹枕 河北博物院藏 枕面长 45.5 厘米

其实在历史上，瓷枕还有一个功能，在夏天特实用，就是可以避暑。我们觉得瓷枕枕得不舒服，但古代的夏天和咱们现在一样，也很热呀。现在有空调，有风扇，人工环境可以改变，所以夏天过着还比较舒服。可古代没有这些，所以古人夏天有一瓷枕枕着，头脑清凉，倍儿爽！宋代有一个人名叫张耒，他写过一首关于瓷枕的诗：

巩人作枕坚且青，故人赠我消炎蒸。
持之入室凉风生，脑寒发冷泥丸惊。

这说明瓷枕的避暑功能还是很强的。

杨永德及其夫人捐献给西汉南越王博物馆的这批瓷枕中，有一件非常难得。这件瓷枕，俗称“枕上枕”，就是枕面上写有一篇《枕赋》（图 11）。

这件瓷枕，长 42 厘米，宽 15.7 厘米，高 14.4 厘米，整体呈银锭形，也就是两头高中间低这么一个造型。这件瓷枕一共有六个面，它前后左右这四个面，都是利用黑色线条画着牡丹花，在枕面的位置则饰以海棠形开光，里面密密麻麻地写了 17 列文字。

这件瓷枕的珍贵之处就在于它上面的文字。这是目前我们所见到的瓷枕中，唯一一件“枕上说枕”的实物，也是目前所见的瓷枕中，所饰文字字数最多的，所以它具有极重要的历史价值。

枕上的这段文字，以特有的文学形式“赋”，来描述这件枕头的产地、价值、功能，以及当时人们对瓷枕的钟爱，洋洋洒洒写了 260 字，并署有制作者的名号——“漳滨逸人”，底部有“王氏寿明”的印款。

宋代由于手工业发达，使得我们现在可以看到一些瓷枕上或印或写有制作者的标记，比如“张家造”“古相张家造”“刘家造”“李家造”，

图 11 北宋 磁州窑白地黑花“枕赋”铭长方形枕
西汉南越王博物馆藏

图 12 北宋 磁州窑白地黑花马戏纹枕及“张家造”标记 故宫博物院藏

还有就是这件“枕赋”瓷枕上写的“漳滨逸人制”等，这在当时都相当于一个品牌（图 12）。

“漳滨逸人”中的“漳滨”是什么意思呢？我们说过，磁州窑的观台窑场主要分布于漳河流域。当时在漳河之滨兴建了许多窑场，大量生产各种日用陶瓷。所以这个“漳滨”可能就是由此而来。

我们目前找到书有“漳滨逸人制”或“漳滨逸人造”的瓷枕大概有 18 方，主要表现历史戏剧故事、道教故事和诗词书法等内容，比如现藏于河北磁县文保所的“三顾茅庐”枕、1969 年在河北磁县出土的“西游记”枕等等（图 13）。从这些流传下来的瓷枕看，漳滨逸人应是当时磁州窑的制枕高手，绘画、书法等都有极高造诣。

《诗经》里有“六义”，包括三个表现内容：风、雅、颂；三个表现手法：赋、比、兴。赋，是我国古代的一种文体，它讲究文采、韵律，兼具诗歌和散文的性质。赋起于战国，盛于两汉。中国的文学体裁有汉赋、骈文、唐诗、宋词、元曲等等，每一个时代都有它时兴的文学形式。

著名的汉赋莫过于我们熟知的司马相如写的《子虚赋》《上林赋》《长门赋》。到了魏晋，左思的《三都赋》也非常有名，当时在西晋都城洛阳，

图 13 元代 磁州窑白地黑花“西游记”故事纹枕 河北博物院藏

由于大家争相传抄左思的《三都赋》，以至于纸张一时供不应求，货缺而贵，引出“洛阳纸贵”的成语。此外，还有大家更为熟悉的曹植所写的《洛神赋》。

在这篇《枕赋》中，开头便写：“有枕如斯，制大庭之形，含太古之素，产相州之地。”从而指出这件瓷枕的产地在相州，就是现在的河南安阳地区和河北省临漳县一带，也就是磁州窑的地带，与“漳滨”相呼应。此后《枕赋》写道：“来尺璧而不易，贾万金而不鬻。”这就是说你拿一尺的玉璧，我也不和你换，你用万金来买，我也不卖给你。可以看出古人对这件枕头的重视程度以及古人吹牛的能力。

《枕赋》中还说到“思圆木警学之勤，乐仲尼曲肱之趣”。这里有两个典故——“圆木警学”“曲肱而枕”，乾隆皇帝在孩儿枕上的御制诗里就用过它们，我们之前也讲过。“圆木警学”中的“圆木”，是中国古代一种很少使用的硬枕，就是截一段圆木，两头坠上小铃。这枕头枕着非常不舒服，必须小心翼翼并保持半睡半醒的状态，意在小憩，避免沉睡过去，否则这枕头一动，人就醒了。这种枕头被文人赋予了一个极美丽的名字，叫“警枕”。宋朝有个史学家叫司马光，幼时聪慧过人，“破缸救人”的故事在中国妇孺皆知。后来他编撰《资治通鉴》，全书洋洋洒洒三百万字，贯穿一千三百六十二年，至今仍是史学界重要的参考资料。有一点恐怕鲜为人知，就是这部鸿篇巨制的编纂者常睡警枕，足见古人珍惜光阴的良苦用心。

西汉南越王博物馆这样一个关于瓷枕的专题展览，无论在中国还是在全世界，都独一份。这些瓷枕是香港实业家杨永德及其夫人收藏半个世纪的珍贵文物，最后，他们无偿地捐给了博物馆。对于杨先生及其夫人来说，他们享受了收藏的乐趣；对于我们来说，有机会全面地看到这些瓷枕。同时，这也为后人留下了宝贵的文化遗产。

061

战国·错金银狩猎纹铜镜

日本永青文库藏

扫码听我讲
国宝故事

先说一句有名的古话："以铜为鉴，可以正衣冠；以史为鉴，可以知兴替；以人为鉴，可以明得失。"这话是谁说的？唐太宗。这话的意思是，以铜为镜子，可以知道自己的衣服是不是穿整齐了，帽子是不是戴正了；以历史为镜子，就知道别人是怎样兴起的，又是怎么被替代的；以人为镜子，可以知道自己的对与错。

要知道，我们历史上是没有玻璃镜的，人没有清楚地看到过自己，清楚地看见的都是别人。那古人怎么看自己呢？用铜镜。最早的铜镜是齐家文化出土的（图 1），距今已有四千多年的历史。到了战国，铜镜出现了第一个高峰期。这回说的正是这个时期的一面铜镜——战国错金银狩猎纹

图 1 新石器时代齐家文化 七角星纹铜镜 青海省博物馆藏

图 2 战国 错金银狩猎纹铜镜 传河南洛阳金村出土 日本永青文库藏

铜镜，现收藏于日本永青文库（图 2）。

这铜镜是什么时候流传到日本去的呢？这要从它的出土说起。

我们国家幅员辽阔，有很多地方都叫金村。这回说的这个金村位于河南洛阳北郊的邙山脚下。金村位于黄河下游，属冲积平原，土地肥沃。因为靠近黄河，地下水位很高，用当地人的话说，“水都在喉咙眼以上”，一个人一天挖个井就能见水，这很正常，但常常出现串井的现象。什么叫串井呢？就是说，有的井本来水很多，一夜之间这水就全没了；有的井没那么多水，忽然这水就满得伸手可取，甚至往外溢。

一开始，人们也不明白这是怎么回事，谜底在 1928 年揭开了。1928 年夏秋之际，一场暴雨过后，金村东北侧的田地出现了塌陷，露出一个大洞。大胆的村民进洞查看，发现里头有编钟。显然这应该有古墓，于是大

图3 战国 镶嵌玉琉璃铜镜
传河南洛阳金村出土 美国哈佛艺术博物馆藏

图4 战国 嵌琉璃龙首形饰
传河南洛阳金村出土
美国弗利尔－赛克勒美术馆藏

家开始挖掘，前后历时三年，共发现了八座大墓，挖出来的陪葬品数以万计。有青铜器、金银器、玉器、漆器（图3、图4），包括九件一套的编钟、五件一套的编钟、错金银的青铜礼器、铜俑、银俑、龙虎饰大玉璧等一大批文物，其中绝大部分都流散海外（图5、图6、图7）。

这八座金村大墓，墓道均位于墓室南端，平面呈“甲”字形，附近还有陪葬的马坑。据考古人员推测，这应该是东周天子的陵墓，这可不得了！据《后汉书》等文献记载，周景王（？—公元前520年）葬于翟泉（亦作狄泉），翟泉正是在金村附近。

很可惜，金村大墓出现得不是时候，那时候正值民国初年，军阀混战，文物得不到有效保护，直接就在市场上流通了。当时开封最大的古董商行叫群古斋，它基本上垄断了河南古玩行业的文物生意，经营的主项是河南地区出土的高古青铜器、玉器、瓷器。古玩有两种，一种是传世的，主要是书画为多，叫软片；一种是出土的，大部分都是硬片。河南这地方太能出东西了，有一句话叫“生在苏杭，死在北邙”，北邙就是邙山。大部分人会觉得墓地不吉利，错了，墓地都是风水宝地。

图 5 战国 铜错金银盖壶
传河南洛阳金村出土 美国芝加哥艺术博物馆藏

图 6 战国 银人立像
传河南洛阳金村出土 日本永青文库藏

图 7 战国 青铜人物立像
传河南洛阳金村出土 美国波士顿美术馆藏

图 8 怀履光

群古斋的掌门人叫蔺石庵（1880—1941 年），他和当时北京、上海的古董商人卢芹斋、黄柏川、岳彬、倪玉书等人来往密切。蔺石庵有个重要客户叫怀履光。怀履光（1873—1960 年）是加拿大的传教士，他是个洋人，洋人特别喜欢起个中国名字，有中国味儿（图 8）。

1901 年，怀履光受加拿大圣公会派遣，在福建教区担任牧师。在此期间，他建立了一所男子寄宿小学，还在麻风病人居住区为病人子弟开办了一所学校，并与其他传教士合作，帮助鸦片吸食者戒毒。1910 年，怀履光来到河南开封，开辟圣公会河南教区，并担任首任主教。在他到达开封的几个月后，河南发生严重灾荒。为此，他从海外募集救灾款项，购买食物分发给灾民，并通过加拿大圣公会向加拿大政府寻求援助。

在此之外，怀履光还担任过“河南公共卫生协会”会长，开封“红十字会”会长，并建立“国际反鸦片协会河南分会”，自任会长，与政府合作开展戒毒运动。这些活动不但促进了圣公会的传教工作，也扩大了怀履光本人的影响，他受到北洋政府的多次表彰。可以说，怀履光在中国赈灾史和红十字会史上占有一席之地。

可到了1920年代，他喜欢上了考古。1924年，他受加拿大皇家安大略考古博物馆的委托，代为收购中国古代艺术品。从此，考古就成了怀履光的主业，传教倒成了副业。1934年退休后，怀履光成为多伦多大学汉学副教授，兼任皇家安大略考古博物馆东方部主任。他是个中国通，说一口流利的河南话。

这段时期，金村大量文物流向海外，几经辗转，被收藏在加拿大、美国、日本等地（图9、图10、图11）。

青铜器是金村文物中最重要的类别，制作精美的错金银铜器更是金村器群的典型特征，这回说的这件战国错金银狩猎纹铜镜正是其中的佼佼者，它收藏在日本。日本人的审美和中国人很接近，他们在收购中国古代艺术品的时候，往往能识别精品，这跟西方人不一样。收藏这枚铜镜的是细川家族——一个有着七百年历史的日本贵族。

细川家族的收藏，始于日本战国时代的细川藤孝。在风行反叛、不求道义、胜者为王的战国乱世，细川藤孝总能做出正确选择，带领细川家族一步一步走向辉煌。他最重要的人生选择有如下三次：

第一次，细川藤孝原本是室町幕府末代将军足利义昭的臣子，在足利义昭与新兴霸主织田信长决战的时候，细川藤孝放弃足利义昭，转而投奔织田信长。最终，足利幕府灭亡，织田信长成为日本战国时代的第一豪强。

第二次，在1582年的“本能寺之变”中，即将统一日本的织田信长被属下明智光秀发动叛乱杀死，细川藤孝和明智光秀本是儿女亲家，但细川藤孝不顾这种姻亲关系，协助丰臣秀吉讨伐明智光秀，最终帮助丰臣秀吉统一了日本。

第三次，1598年，丰臣秀吉去世，在德川家康与石田三成之间决定日本归属的“关原之战”中，细川藤孝选择了德川家康。最终，德川家康统

图 9 战国 龙凤形玉牌饰
传河南洛阳金村出土 加拿大皇家安大略博物馆藏

图 10 战国 铜鎏金凤饰玉樽
传河南洛阳金村出土 美国哈佛艺术博物馆藏

图 11 战国 铜嵌金银琉璃盖壶
传河南洛阳金村出土 日本永青文库藏

一日本，开启了两百多年的江户时代。细川家族也成为熊本城的领主，享尽荣华。熊本县现在很有名，它的吉祥物是个大狗熊，叫“熊本熊”。

在重要关头，细川藤孝第一次跟了织田信长，第二次选择了丰臣秀吉，第三次选择了德川家康，说明他的判断非常精准。这份精准也被他用在了艺术上。要知道，细川藤孝不仅是一位儒将，他还是一位收藏家、艺术家，精通和歌。

到了明治维新，熊本藩主细川家被封为侯爵，至此，细川家已经历十几代的辉煌。细川护立（1883—1970 年）是细川家族的第 16 代主事，他沉心于艺术，一生中似乎只做一件事，就是游走世界，寻找最优秀的艺术品，尤其是中国艺术品。这正是我年轻时候梦寐以求的。1950 年，细川护立在东京建立了永青文库。这个永青文库，实际上就是博物馆。里面所展览的，有细川家族四百多年来十几代人收藏的各式武士刀、盔甲、古文书籍、茶道具和日本能剧服饰，还有细川护立收集的日本本土美术品八万件，当然也有无数来自中国的艺术珍品，这枚战国错金银狩猎纹铜镜就在其中。

现在永青文库的掌门人是细川护立的孙子——细川护熙，他曾经是日本第 79 任首相，现在日本首相已经到 98 任了。同时，他还是一位陶艺家。2018 年 6 月 26 日，细川护熙向中国国家图书馆捐赠了其收藏的 4175 册中国书籍。这次永青文库的捐赠，是 1949 年以来日本友人向中国无偿捐赠汉籍规模最大的一次。

现在，来看看这枚有着“细川镜”之称的战国错金银狩猎纹铜镜。

铜镜，是用含锡量较高的青铜铸造的。要注意看铜镜的钮，一般看钮就可以知道制作的年代：战国时期一般是桥形钮，汉代是馒头钮，唐代是兽钮。这枚铜镜的钮比较特殊，是个圆钮。镜背装饰着三组两两相对的连体龙纹，龙纹间配置三组纹饰：一组是身披盔甲持剑握缰的骑士，欲刺一张牙舞爪的猛虎；一组是两兽搏斗；另一组是一只展翅的凤凰。纹饰皆错金丝，龙纹躯体并错银丝。镜体为夹层，以镜背外缘包嵌镜面而成。

需要注意的，是这个骑士搏虎的纹饰。骑士头上戴有鹖羽冠，这是目前发现的战国时期唯一戴鹖羽冠骑士镜纹的镜子。鹖，是一种像雉一样善斗的鸟，它一旦斗起来，到死才会停止，所以武将戴鹖羽冠，表示勇猛。

这骑士是谁呢？有可能是卞庄——“卞庄刺虎”。卞庄刺虎的故事见于《史记·张仪列传》：战国时期，韩、魏两国相互攻杀，未分胜负。秦惠王想出兵援助，在征询大臣意见的时候，陈轸就告诉他说：“大王听过‘卞庄子刺虎’的故事吗？卞庄子准备刺虎的时候，馆竖子制止了他，说：‘两只老虎正在吃牛，肯定会争斗起来，如此，大的会受伤，小的就被咬死了。等到那时你再刺虎，就可一举拿下两虎。’卞庄子觉得有道理，就这么办了。”后来，“卞庄刺虎”成为一个典故，意指趁着两股势力争斗、两败俱伤之际，将其一网打尽。联想到细川的家族史，这块镜子是不是揭示了它的家族总能制胜的原因呢？

卞庄刺虎这个成语，在古代用得多。比如，观复博物馆门窗馆里的“风车锦地十二生肖隔扇门”中，老虎这一节，用的就是“卞庄刺虎”的典故。古典文学中讲虎的很多，比如“武松打虎”“李逵杀四虎”，但都不如卞庄刺虎有哲理。

铜镜在过去是一个工具，照妆容的，它后背为什么做得如此漂亮呢？我一开始也认为不值当，因为背面你又看不着。后来才知道，古人的镜子是反着搁的，镜背朝外，用的时候才正过来，不用的时候是一个很好的装饰。这种文化遗存有一个重要的影响，就是镜子不用的时候，要给它穿上镜套或盖上镜帘。这个镜帘，古汉语中也叫“镜袱”，始于元代，沿用至清。《红楼梦》里就有这样的描述：“黛玉会意，便走至里间，将镜袱揭起来照了照。”这跟今天的习惯完全不一样，咱们强调的是镜子的实用性，着眼于功能，但古人展示的则是文化。

062

五代·越窑秘色瓷莲花净水碗及托

苏州博物馆藏

扫码听我讲
国宝故事

过去有句老话叫“上有天堂，下有苏杭”。这说的是在过去，比如民国、晚清甚至更早的时候。现在好地方多了去了，说句实在话，这俩地儿也就不算什么了。

现在，我们是个全民旅游的时代。以前没有人专门去旅游，都是借出差、做买卖或者做官的时候顺道去看一看。古代当官的眼界都要开阔一些，王勃诗里就说“与君离别意，同是宦游人”，宦游就是到各地去做官，做官的时候捎带脚看看山逛逛水，那个时候也没有专门给你弄这弄那的各种景点。1980 年代，我在出版社上班的时候，跑的所有地儿都是借出差之名，跑到全国各地去见作者，根本没有人像现在似的，什么都不干，专门跑到一地儿去旅游，玩几天高高兴兴再回来。

苏、杭两个地方，过去人们都认为很美，不光是因为那里景美，还因为有媒介传播。到杭州不用问，你必须去西湖，西湖有十景，自古就有名。历史上有很多文人在诗词里都描写过，比如“山外青山楼外楼，西湖歌舞几时休”“欲把西湖比西子，淡妆浓抹总相宜”，还有“毕竟西湖六月中，风光不与四时同”，这几句诗都是宋朝人写的，都听说过吧？所以这西湖就越传越远，所有人都想跑西湖那儿去看看。

去苏州看什么呢？不用说，看园林，苏州园林四海闻名。拙政园、留园、网师园……网师园算是苏州园林如今保存得最好的了。网师就是渔夫，渔夫撒网捕鱼嘛。跟现在一样，都愿意用美称。过去管做饭的就叫厨子，现在叫厨师；过去的理发员，现在叫美发师。这个师那个师，你听着就显得高级。网师园就是表明主人向往一种远离喧嚣、淡泊山水的生活状态。

民国时期，张大千和他二哥张善孖曾在苏州的网师园里借住过一段时间。张善孖这名，正确发音应该叫张善孖 [zī]，但行里人没这么念的，都叫张善孖 [zǐ]。所以你念对了就是念错了，念错了就是念对了。

张善孖是民国时期一位非常著名的画家，他擅长画老虎（图 1），自号“虎痴”“虎髯”，特别喜欢老虎，就在网师园里真的养了只老虎。张善孖给这老虎取名叫“虎儿”，把老虎当儿子了。每天观察它的习性、姿态和细节，这对他画虎帮助很大。后来这虎儿死了，张大千就特意给它题了个墓铭，上面写着“先仲兄所豢虎儿之墓”，这碑现在就立在网

图 1 张善孖《画虎图》 四川博物院藏

师园内，去旅游的时候可以找一找、看一看。

除了网师园里养老虎，苏州还有一个地方与虎有关，叫虎丘。相传春秋时期吴王夫差葬其父阖闾于此，葬完之后，有一只白虎踞于其上，故名虎丘。苏东坡曾说过，到苏州而不游虎丘，诚为憾事！所以到苏州除了园林可看，虎丘也是必须去的。

绕了一大圈说到虎丘，这回要说的国宝故事，就发生在这里。现在去虎丘，标志建筑远远就能看见，那是一座八角七层的楼阁式砖塔。这塔原名“云岩寺塔”，是云岩寺的一部分，后来寺庙被毁，老百姓顺口就叫它“虎丘塔”了。这名字直白，人们容易记住（图 2）。

据现有文献记载，南朝的时候就开始在虎丘建塔了。后来这塔建了倒，倒了建，建了又倒，来回来去地折腾。中国有名的塔几乎都倒过，为什么总容易倒呢？道理很简单，因为塔又瘦又高。

图 2 苏州虎丘塔

图 3 五代十国时期全图

今天看到的虎丘塔，建于五代后周显德六年（959 年），建成时已经改朝换代，到了北宋的建隆二年（961 年），前后大概用了三年时间，速度还是挺快的。虽然这塔始建于后周，建成于北宋，不过它跟后周及北宋的中央政府半点关系都没有。这和五代时期的历史大背景有关。

中国历史上的“五代”和汉代、唐代不一样，它并不是一个具体朝代，而是指介于唐宋之间的这段特殊的历史时期，前后半个多世纪。907 年唐朝灭亡之后，在中原地区相继出现了定都于开封和洛阳的后梁、后唐、后晋、后汉和后周五个朝代，这就是所谓的“梁、唐、晋、汉、周”。除此以外，还有当时割据于西蜀、江南、岭南和河东等地的其他十个政权，分别是楚、吴越、南吴、前蜀、后蜀、南唐、南平、南汉、北汉、闽，连起来说是“吴唐吴越前后蜀，南北两汉闽平楚”这十国。所以后世将这一段时间合称为“五代十国”，简称“五代”（图 3）。

当时，江浙一带属于吴越国的地盘。吴越国由钱镠在唐天祐四年（907年）建立，定都于杭州，强盛时拥有十三州疆域，包括今天浙江省全境、江苏东南、上海和福建东北部一带，占的全是好地方。但好景不长，吴越国一共就三代五王，享国七十二年，不到一个世纪。但在五代十国中，这已经算寿命长的了。

北宋太平兴国三年（978 年），最后一位吴越王钱弘俶眼看大势已去，不得已决定“纳土归宋”，将所部十三州悉数献给了宋朝，成就了一段顾全大局、华夏一统的历史佳话，被赵匡胤封为邓王，死后谥号忠懿，还算不错。这也印证了那句老话，叫“识时务者为俊杰”。

钱弘俶这名字大家可能比较陌生，其实他和前面讲阿育王塔时提到的钱俶是一个人。过去宗法社会的时候起名都要避讳，不能瞎叫。尤其是皇上如果叫这字了，别人就更不能用了。犯了忌的话，要么删去，要么就换个字。比如，唐太宗叫李世民，所以那时“观世音菩萨”就得删去个字，改叫“观音菩萨”；康熙叫玄烨，为了避讳，故宫的“玄武门”就得改叫“神武门”。这特别麻烦，所以为了尽量避免这个问题，皇帝登基以后一般都要改个新名，找个生僻点的字。比如唐懿宗名叫李漼 [cuǐ]，宋太宗改叫赵炅 [jiǒng]，清朝嘉庆皇帝改叫颙琰 [yóng yǎn]，名字都比较拗口。

钱弘俶这名儿，就犯了宋太祖他爹的名讳。宋太祖叫赵匡胤，他爹叫赵弘殷。北宋建隆元年（960 年），赵匡胤登基当皇上后，追谥他爹为武昭皇帝，庙号宣祖。所以钱弘俶归宋之后要避讳，他就把中间这“弘”字去掉，改叫钱俶了。

钱俶这人非常信佛，据《佛祖统纪》记载：“钱弘俶天性信佛”。所以后世提到他的时候，大都跟他信佛这事儿有关。钱俶在位时，在吴越国境内建造了很多佛塔。比如大名鼎鼎的雷峰塔、六和塔、保俶塔，以及这回说的虎丘塔，都是他那会儿下令修建的。建这么多佛塔，就是希望佛祖能保佑他国祚永昌。

虎丘塔的外观看着是个八角形仿楼阁样的建筑，里边是套筒式结构，有两层塔壁，仿佛是一座小塔外面又套了一座大塔。里外上下相互之间都是通连着的，中间有一个十字通道，跟外面四周的回廊沟通。这塔我年轻的时候上去过，印象特别深。后来为了保护文物古迹，再去的时候就不让爬了。

虎丘塔一共有七级，现高 47.7 米，全部是用砖砌的。“救人一命胜造七级浮屠”，说的就是这种塔。它是典型的唐宋时期汉传佛塔的样式，与元代、清代流行的喇嘛塔完全不同。比如北京白塔寺的大白塔，还有北海的白塔，都是喇嘛塔，外观呈覆钵状，塔里面都是实心的，根本上不去（图 4）。

虎丘塔最吸引人们去看的原因还有一个，就是这塔是歪的。从明代起，虎丘塔开始向西北倾斜。经专家测量，塔尖倾斜足有 2.34 米，塔身最大倾斜了 3.98 度。所以，虎丘斜塔也被称为“中国的比萨斜塔”。但这事儿有点冤。意大利的比萨斜塔建造于 1174 年，虎丘塔比它早两百多年，论资

图 4 北海白塔

排辈也应该管比萨斜塔叫“意大利的虎丘斜塔”才对。这两座塔以斜度论都差不多，但没辙，谁让咱这虎丘塔没人家那斜塔名气大呢。斜塔的名气怎么来的呢？据说 1589 年，伽利略曾在比萨斜塔上做过一个实验，证实了不同重量的两个球体自由落下，它们同时着地，推翻了亚里士多德“物体越重，下落越快”的观点，从而闻名全世界。

比萨斜塔虽然叫塔，它还真不是个塔。比萨斜塔是比萨城大教堂的钟楼，压根跟佛塔不是一回事。“塔”是指专门供奉或收藏佛舍利、佛像、佛经、僧人遗体的佛教建筑。比萨斜塔是翻译时借鉴了塔的高耸的意思。比如埃菲尔铁塔、东方明珠电视塔，这些名字都是借鉴了塔的高耸的含义，事实上跟佛塔没任何关系。

虎丘塔建的时候并不歪，比萨斜塔也不歪，都是后来地基出了毛病才歪的。虎丘塔大概是从明代才开始倾斜，几百年来，倾斜得越来越严重，如果不修缮，随时有倒塌的危险。1950 年代，为了保护古塔，苏州市政府开始派专家研究，准备给虎丘塔加固。

1957 年的一天，几个维修的工人正在塔的第二层，像往常一样往裂缝中浇灌水泥浆。就在这时，发生了奇怪的事。工人发现，无论往里边灌多少泥浆都灌不满，像个无底洞似的。这几个工人觉得这事挺奇怪，就打算揭开几块砖，看看里面到底怎么回事。结果拆开一看，发现水泥浆顺着这缝隙，都灌到一个秘密的夹层里去了。这个夹层很狭窄，人勉强能钻进去。工人中有胆大的，就往里钻，在第二层塔心发现一个砖砌的暗穴，里头有经箱、经卷、佛像等文物。工人们就兴奋了，又顺着往上爬，爬到第三层、第四层塔心，也都发现了暗穴，里边同样放置了很多东西。

这事儿很快被报告给了文物部门，经过考古专家们仔细清理，虎丘塔出土了一大批文物。这些文物大都与佛教相关，应该是当年信众所供奉之物，有石函、经卷、佛造像、舍利塔、檀木雕三连式佛龛等等（图 5），

图 5 宋代 铁铸金涂舍利塔
苏州博物馆藏

其中最珍贵的发现是一件越窑秘色莲花净水碗（图 6）。

这件净水碗由碗和盏托两部分组成。碗为直口深腹，盏托高足外撇，是典型的模仿金属器的造型。盏托正中有一个上下贯通的圆孔，功能众说纷纭，推测应该是为了方便排水。这净水碗里总得添水，添水添多了，水就溢出来了。溢出来后，水就顺着这个眼儿流出去了。瓷器怕磕碰，沾水以后特别滑，来回倒水很危险，所以工匠就想出了这么一个方法。金属的就不怕，所以金属做的这类净水碗托上就没有孔。

盏托里面还刻有两个字——“项记”，这也非常罕见。× × 记，这属于商标。瓷器上有商标意识比较晚，几乎是到了宋代，尤其南宋才开始有这个意识。见到比较多的有什么呢？比如景德镇窑里的“郑家盒子记”“段家盒子记”等等（图 7）。唐、五代时期虽然也有，比如瓷枕里的“杜家花枕”

图 6 五代 越窑秘色瓷莲花净水碗及托 苏州博物馆藏

（图 8）“裴家花枕”，但这个“项记”款还是第一次见。

这件净水碗是 1957 年发现的，当时并没有被定为秘色瓷，只是当作越窑青瓷认定。因为当时人们还不知道真正的秘色瓷长什么样，只是听说过。唐代诗人陆龟蒙的《秘色越器》一诗中是这样说的：“九州风露越窑开，

图 7 宋代 青白釉菊瓣形粉盒及底款 景德镇市陶瓷考古研究所藏

图 8 唐代 黄釉绞胎枕及底款 上海博物馆藏

夺得千峰翠色来。”所以大家都有个基本认知，知道秘色瓷是越窑烧的，但具体是什么颜色呢，谁也说不好，因为越窑的釉色实在太丰富了，沾青就算。这事儿困扰了人们好几百年，至少宋代以后就没人准确知道什么是“秘色”了。这个谜一直到 1987 年法门寺地宫被打开后才得以解决（图 9）。

法门寺地宫除了出土一大批珍宝以外，最主要的还出土了一块“物帐碑”，这碑上把当年放进地宫的东西名称及数量都做了详细记录（图 10）。其中有一句“瓷秘色碗七口，内二口银棱，瓷秘色盘子叠子共六枚”，考古发掘完一数，不多不少，正好有七个碗、六个盘，与物帐碑上记录的一模一样。这十三件器物，在这块物帐碑里被准确记为“秘色瓷”，实物与名称对应，由此秘色瓷的谜团才被解开，人们终于知道秘色瓷原来就是这色儿。这秘色瓷的颜色还真不好用语言来形容，说绿不绿，说黄不黄，说灰不灰，说蓝也不蓝，你说这是什么色儿呢？这就叫秘色！

过去有人说这秘色就是蜂蜜的颜色，字写错了，才写成神秘的“秘”，这都是后来以讹传讹。今天看这说法，还真有点意思。法门寺出土的秘色瓷，多少有点蜂蜜的颜色。但今天在文献上并没有发现例证，历史上写的都是秘密的“秘”。除此以外，对秘色瓷的解释还有很多种，但都没有定论。

图 9 唐代 越窑秘色瓷五瓣葵口盘 法门寺博物馆藏

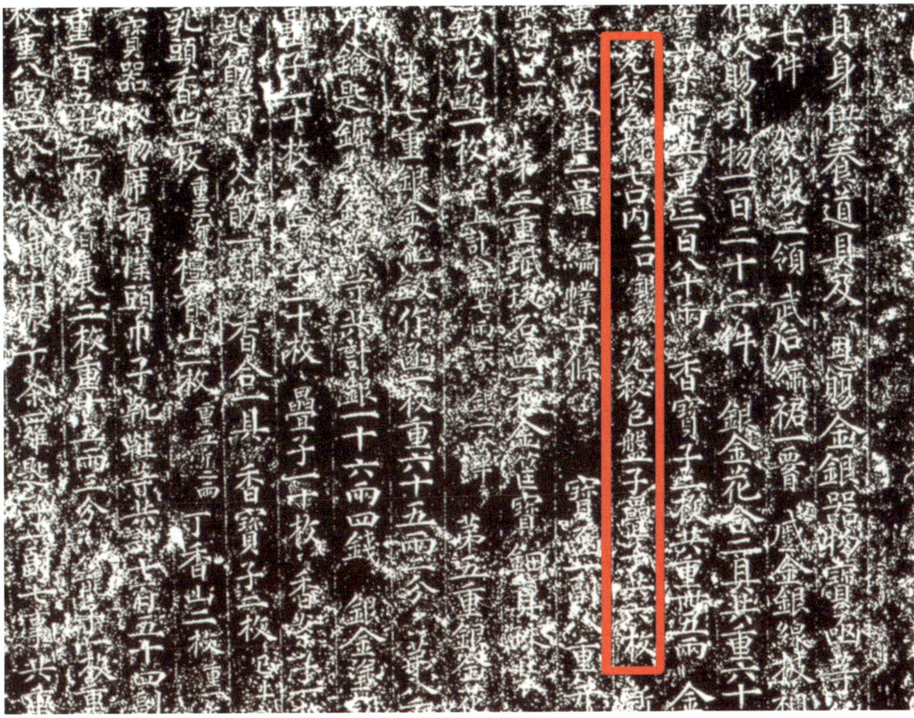

图 10 法门寺地宫“物帐碑”拓片（局部）

不过，这些已经不重要了，重要的是通过法门寺的考古，让我们清晰地知道了秘色瓷到底长什么样。

关于秘色瓷，首先可以肯定它就是越窑的产品。烧造的时间，大概就是晚唐到五代这一段时期。早期的越窑釉色都带有一种灰绿色，后期越来越变成更加取悦于人的翠青色。秘色瓷正好处于这个转变的节点上，兼顾了两头的表达。其实，秘色瓷不仅是颜色上的漂亮，还有它那种独特的质感。

1995 年，在上海召开了“国际秘色瓷研讨会”，各地的秘色瓷精品云集上海。虎丘塔发现的这只净水碗，经过和法门寺出土的那批秘色瓷比对后，被专家学者一致认为是秘色瓷中的稀有珍品，成为苏州博物馆的镇馆之宝！这会儿，距离它的发现已过去了将近四十年。时间虽然长了点，好在最终还是给它验明了正身，给了它一个名分。

中国陶瓷历史上有很多谜，这些谜短则疑惑几百年，长则疑惑持续上千年，都没有机会去解开。秘色瓷是我们这一代人三十多年前彻底解开的一道陶瓷的历史谜题。对于喜欢陶瓷的人来说，这是一件天大的幸事！过去有很多老先生，研究了一辈子陶瓷都没有机会知道。除了秘色瓷以外，陶瓷史里还有几道大谜题：第一个就是柴窑之谜，到底何为柴窑？第二个就是哥窑之谜，到底是何时何地所烧？

秘色瓷幸亏有法门寺出土的物帐碑，因为它上面写得清清楚楚，才让我们今天能够有机会，把虎丘发现的这件越窑莲花净水碗定成秘色瓷，成为国之重宝。

063

战国·商鞅方升

上海博物馆藏

扫码听我讲
国宝故事

历史上有个名人叫商鞅，无人不知，无人不晓，因为他永远活在我们的课本里。一提商鞅，我们就会联想到商鞅变法。商鞅变法中最著名的故事是“徙木立信”，几乎每个人都学过这一课。

商鞅在秦国第一次变法时，为了让民众信服新法，在闹市的南门竖起一根三丈长的木头，说谁把这木头搬到北门，就赏他十金。老百姓觉得这事儿玩笑开大了，没人动。商鞅看没人动，就说，谁能搬过去，我赏他五十金！围观的人觉得商鞅这玩笑越开越大。在他们等着看热闹的时候，出来一傻人，扛着这木头，把它搬到了北门，商鞅当众就给了他五十金，这下围观的聪明人全后悔了。商鞅就用这样的方法表明秦国令出必行，绝不欺骗。

今天说“徙木立信”，都觉得这只是一个故事。如果我今天说，这笔筒，谁给拿到另外一屋子里，我给他一百两黄金，估计也没人信。这事太不可信了，因为获得的报酬跟付出的劳动不成比例。

“徙木立信”这件事发生在公元前 356 年，商鞅随后颁布了他制定的法令：重农抑商，建立二十级军功爵位制，鼓励国民杀敌领赏，通过变法让秦国强盛起来，成为虎狼之师。六年以后，商鞅开始进行第二次变法，《史记》里记载这次变法“为田开阡陌封疆，而赋税平。平斗桶权衡丈尺”，说的是这次变法废除井田制，实行平等的赋税制度，统一度量衡。这回讲的商鞅方升就是在这样的背景下制作的。

先解释一下度量衡。度量衡在当今生活中依然非常重要。

第一个“度”，指的是长短。我们很多时候都要知道长度，比如去家具市场买一张沙发，能不能搁到家里去，就需要量一下长度；家里装修，得量量门的高度。这些都是生活中要碰到的问题。

第二个“量”，指容器。我们离普遍使用容器计量的生活比较远了，现在大部分都是按重量计算，不按体量计算。过去，粮食是一升一斗地卖，它是按容器的。我们今天即便是按容器去买东西，也并不在乎上面标的容量。比如你买一瓶酒，你先看它标的是多少，它说 500 毫升，在你心里就等同于一斤。其实 500 毫升的酒没有一斤，你默认的是它的重量。

第三个“衡”，就是指重量。我们把容器和重量分得很清楚，凡是不易用容器计算的，就用重量计算。比如，同为粮食，这个斗可以量米和面，但它量不了白薯，所以白薯就得改用重量计算。

现在的生活中，还有大量物品是用容器计算的，比如去买油、买洗发水，这些容器最初就是量器，准确地说叫量 [liàng] 器。方升，就是从这儿来的，它是一个标准量器，告诉你一个标准单元是多少。

只不过，这标准是不断变化的。比如现在废了市尺，用的都是公制。现在说一尺等于多少厘米呢？应该是 33.33 厘米，一米等于三尺嘛。历史上，我们的长度单位可不是一成不变的，汉尺只有 22 厘米，正常男人的拇指到中指的距离；唐尺就有 30.7 厘米；宋尺更长一点，31.68 厘米。可以看到，尺度是越来越长的。除了长度单位，重量单位、容量单位每个历史时期的标准也都不一样。

过去权、升这些东西都特别重要（图 1），商鞅方升上面又有文字又有计量单位，还是两千多年前的标准量器，就使它变得尤其重要。现在即使找到了一个秦代的尺子或容器，如果它不是标准器，价值就会大打折扣。

图 1
秦代 空心铜权
秦始皇帝陵博物院藏

在今天的生活中，特别重要的标准是什么呢？是“世界时”，以格林尼治时间为准。这是大家都得有的标准，如果今天你一个标准，明天他一个标准，大家都不活在一个时间段上，那就很麻烦。

商鞅统一度量衡，是为国家建立一个统一的标准，也为后来秦国统一后的“车同轨，书同文”留下了启示。今天，我们中国依旧是一个大一统的国家，与此有直接关系。如果当时文字不统一的话，语言也就不统一，语言跟着文字走，只要这个不统一，那我们今天就跟欧洲一样，都是小国。大国有大国的优势，小国也有小国的好处。

商鞅方升通长 18.7 厘米，个儿不大，高 2.3 厘米，呈长方形，是商鞅第二次变法六年后监制的（图 2）。这个东西你看它没什么好看的，和其他国宝比起来一点都不神奇，就是一个简单的方盒子带个把儿，把儿中间是空的，插根木头，操作起来十分方便。这个方升最有价值的是它中间的这个空间，也就是它的容量。老子在《道德经》中说：“埏埴以为器，当其无，有器之用。凿户牖以为室，当其无，有室之用。故有之以为利，无之以为用。”这说的就是“无”的地方是最重要的。这个方升，它的空间

图 2 战国 商鞅方升 上海博物馆藏

给了我们一个准确的容量，按照今天的测试，它有 202.15 毫升。

方升的三侧及底面刻有两段铭文，这铭文显然不是铸上去的，是后刻上去的（图 3）。这两段铭文间隔一百二十多年。第一组铭文的内容为：

> 十八年，齐逹（率）卿大夫（合文）众来聘，冬十二月乙酉，大良造鞅爰积十六尊（寸）五分尊（寸）壹为升。重泉。

第一组铭文提供的信息是秦孝公十八年（公元前 344 年），齐国卿大夫使团到访。这年冬天，商鞅的官职是大良造，相当于宰相，他监制了这件标准量器。这件标准器的容积为一升。方升就是用于重泉这个地方。

第二组铭文距离第一组铭文已经过去了 123 年，是秦王政二十六年刻的。秦王政二十六年，是一个非常重要的时间节点，正是公元前 221 年。这一年，秦始皇统一了六国，实现了中国历史上的第一次大一统。铭文刻的是什么内容呢？它说：

> 廿六年，皇帝尽并兼天下诸侯，黔首大安，立号为皇帝。乃诏丞相状（隗状）、绾（王绾）：法度量则不壹嫌疑者，皆明壹之。临。

图 3 商鞅方升铭文及拓片

图 4 秦代 始皇诏铜方升 上海博物馆藏

这条铭文翻译过来就是说：公元前 221 年，秦始皇统一六国。“黔首”是扎黑头巾的人，这里代指百姓，就是说百姓终于获得了安定的生活。他立尊号为皇帝，于是下诏书让两个丞相规范度量衡，凡是不一样的地方都予以统一，凡是不清楚的地方都予以明确。方升用于临这个地方。

从这两条铭文可以知道，这件商鞅方升在沿用了一百二十多年后，又一次成为通行全国的标准量器。上海博物馆除了商鞅方升，还有一件“始皇诏铜方升”，容积为 215.65 毫升，比商鞅方升多了 13.5 毫升，其器型与商鞅方升相似，外壁一侧所刻的铭文与商鞅方升上秦始皇发布诏书的铭文相同（图 4）。始皇诏铜方升的出现也印证了秦始皇统一天下以后，所使用的量器延续了商鞅定下的标准。这个标准的确立，影响深远。现在你去故宫，太和殿外面一边是日晷，一边就是嘉量，一个是时间单位，一个是容量单位，这就代表着政权的最高标准（图 5）。

商鞅方升，秦始皇继续以它作为标准量器去使用。但是，这个标准在后来实行了多久呢？现在不得而知。两千多年的时间里，这个方升在大众视野中几近消失，直到一百多年前才重新进入我们的视野。方升这次重现，和一个叫龚心铭的人有关。

龚心铭是安徽合肥人，中过清末的进士。他的父亲叫龚照瑗，曾任江

图 5 太和殿丹陛上的日晷、嘉量

苏候补道，中法战争期间，负责为台湾守军运送武器兵员，发了点战争小财；后来还做过四川布政使、驻英法意等国公使，1897 年因病去世。龚照瑗有俩儿子，龚心铭是长子，次子叫龚心钊，也是清末的进士（图 6）。兄弟二人都做过官，龚心铭在翰林院供过职；龚心钊则是清代最后一任科举考官，还做过清朝驻加拿大领事。从这儿可以看出来，龚家的家道还是很殷实的。进入民国以后，兄弟二人就不再做官了，转而投资一些实业，继而成为当时的大藏家。他们兄弟俩的收藏范围非常广泛，有玉器、金饼、印章、字画、青铜、瓷器等，观复博物馆里有几件瓷器就是龚心钊的旧藏（图 7）。

1903 年，龚心铭从清晖阁花重金买下了这件商鞅方升。宣统初年（1909 年），龚心铭在距离浦口六十里地的地方买下了一眼温泉，在那里建了一座龚氏汤泉别墅。在别墅里，他专门辟出一间屋子，用来放他最为看重的印子金和商鞅方升。龚心铭把这间屋子题作“周爰秦量之室”，并以此为自己的斋名。经过对这两件藏品的深入考证，龚心铭在 1930 年代出版了《浦口汤泉小志》，将《周爰金考》《秦鞅量考》两篇重要的考证文字收入其

图 6 龚心铭（右）与龚心钊（左）兄弟二人合影

中。因为《浦口汤泉小志》的出版，社会上很多人都知道了龚家藏有商鞅方升（图 8）。

当时龚心铭家里用钱经常抵押。龚心铭曾将苏州河边上的开滦煤栈抵押给汇丰银行，抵押期限将至，还不上钱，银行提出把商鞅方升拿来做抵押就行，龚家可以继续到银行支取银钱。当时龚心铭年事已高，这事情就交给自己的儿媳朱静宜打理。朱静宜变卖了自己的嫁妆偿还抵押，才保住了商鞅方升。

龚心铭在弥留之际，叮嘱儿子龚安东（字旭人）：商鞅方升和印子金是咱的传家宝，谁要是外卖，谁就是罪人。日伪时期，日本人要花重金购买商鞅方升，龚安东以父亲把这东西卖给了洋人为由，骗过了日本人。到了 1962 年，上海博物馆为了征集商鞅方升，由馆长沈之瑜亲自出面，在上海国际饭店摆了一桌酒席，宴请龚安东、朱静宜夫妇，商请出让这件传

图 7 南宋 官窑水丞 龚心钊的旧藏 观复博物馆藏

世珍宝，并许以解决住房、照顾孩子上大学等额外优惠，但是他们夫妻俩还是以“早被父亲卖给外国人了”为辞婉拒。

又过了几年，“文革”开始了。龚安东的女儿所在工厂的人就忽悠着到他们家抄寻文物，他们先找到了五十多块印子金，因为没找到商鞅方升，他们不愿意离去，后来又在龚家前前后后找了二十八天，仍然不见商鞅方升的影子。最后，他们在朱静宜的侄子家抄出了商鞅方升，遂带着方升扬长而去。商鞅方升被抄走，龚安东得知消息后气急交加，心脏病突发，在前往医院的路上就与世长辞了。

得知方升从龚家被工厂抄走以后，上海博物馆马上出面，说服这些人将印子金、商鞅方升等交给上海博物馆代为保管。直到“文革”结束后，上海博物馆按照相关规定将代管的文物悉数归还给龚家。那时龚安东、朱静宜都已经去世了，龚安东的子女们商议之后，最终将商鞅方升、印子金、符印等 193 件文物转让给了上海博物馆收藏。

这件商鞅方升终于入藏上海博物馆，它显然是国之重器。它为什么重要呢？前面说了，首先它是商鞅变法的直接物证，其次它参与了秦始皇“车

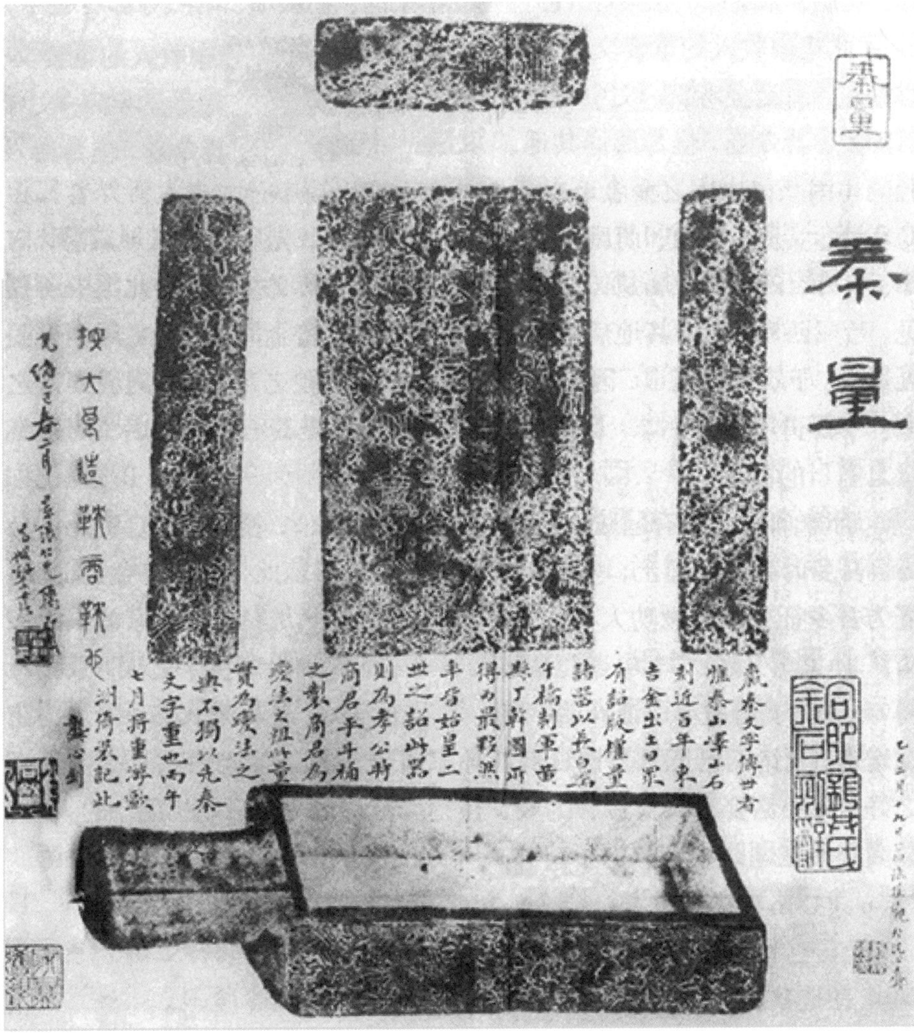

图 8 《浦口汤泉小志》内页

同轨，书同文”这一制度在全国的推行。

经过多年的考古发掘，专家发现，秦代度量衡除了在秦国旧址，比如陕西、甘肃等地有出土外，像齐国、赵国、越国等地，以及内蒙古的赤峰市、哲里木盟（今通辽市）等古城遗址，也都有秦代度量衡器出土（图 9）。正是商鞅，为秦始皇“皆令如秦制”奠定了基础。秦朝结束后，汉代延续

图 9
秦代 铜诏铁权
甘肃省秦安县出土 甘肃省博物馆藏

图 10
西汉 铜量
陕西省考古研究院藏

和发展了秦代的度量衡（图 10）。

西汉的刘歆整理了秦汉以来的度量衡制度，后来被班固选取写进了《汉书·律历志》，这是我国第一部度量衡专著。一直到今天，虽然我们的单位值随着历史的变迁而改变了，但秦代制定的基本单位以及进位关系依然为我们所继承。可以看到，两千多年前由商鞅所确立的标准仍在发挥着它的作用。

俗话说，“没有五音，难正六律；没有规矩，不成方圆”，无秩序也不成章法。这件商鞅方升是秦国在两千多年前定下的经济秩序，作为国宝，当之无愧。

064

西汉·金马

日本美秀博物馆藏

扫码听我讲
国宝故事

《史记 · 大宛列传》中有这样一段记载：汉朝当时派了很多使节去大宛国买马，人家那儿有好马，但人家不愿卖给你，不仅不愿意卖，还不愿意让你看。结果汉武帝就说，我就不相信我拿钱撬不动这事儿！咱先弄一狂事儿，造一纯金马，拿这纯金马去换肉身马。

这事儿《史记》上记载得贴谱不贴谱呢？还真贴谱！因为时至今日，还有一只汉代的纯金马存于世上。在哪儿呢？在日本。这金马重约7千克（图1）。怎么知道它是汉代的呢？中国古代的马，各个时期的状态表现都截然不同，专家看一眼，就知道这是唐马，那是汉马，二者完全不一样。

图1 西汉 金马 日本美秀博物馆藏

图 2　唐代　三彩马
中国国家博物馆藏

图 3　汉代　玉马首
英国维多利亚与阿尔伯特博物馆藏

不一样在什么地方？从艺术角度讲，唐马写实，汉马夸张（图 2、图 3）。夸张在这几点：第一是面部的塑造，汉马鼻孔特大，像是在吹气；耳部如刀削一般，跟劈出来的竹子似的，特尖；眼睛瞪着，努出来，马踏飞燕的那匹马就是这样；汉马经常翻唇，把牙齿露出来；最重要的特征是，它尾巴不是长在生理位置上，而是偏上方一点，很难说准那个位置，得去看实物。这篇说的这匹金马，特别瘦，四肢修长，胸前饱满，臀部肌肉十分发达，长颈前伸，鬃毛向后竖立，都表明这是西域来的马，它与秦始皇兵马俑墓葬里的马明显不同。近一看，这马头像公羊的头一样。中国古代有本书叫《异物志》，是汉唐时期专门记载周边地区和国家新异物产的典籍。《异物志》中记载："大宛马有肉角数寸。"

马在汉代的时候，是最重要的国家军事装备，概念跟今天完全不一样（图 4）。今天，马就是马，大都是竞赛或娱乐用的。古代的马，威力往大了说，有点像今天的原子弹，往小了说，类似坦克、装甲车，是最厉害的军事武器。为什么马是武器呢？回答这个问题，我们要追溯马的历史。

图 4 东汉 铜车马仪仗俑群 甘肃省博物馆藏

马的祖先并不久远，约出现于五千万年前。一开始还特别小，跟狗差不多大，样子也不像今天的，后来慢慢发展起来，变大了。马是人类最后一种主要驯养的动物。人类主要驯养的动物是猪牛羊马鸡犬（图 5、图 6），再加上猫。狗是动物中最早驯养的，大概有一万六千年的历史，而马不大容易驯服，大概在六千年前，人类才开始对马进行普遍驯养。

马在人类文明的进程当中，最重要的一点是帮助人们征战，而不是干活。从某种意义上讲，这更多的是一种野蛮行为。所以我们老说，文明是

图 5 东汉 陶猪圈 洛阳博物馆藏

图 6 北魏 彩绘陶牛车 大同市博物馆藏

由不文明推进的。因为人类有不文明，才逐渐趋向于文明。

后来我们让马犁地，干农活，那都是瞎来。马犁地跟牛没法比，牛特别有劲儿，马没劲儿。有个专业术语叫“挽力”，就是拖拉的力量。马拖拉的力量远不如牛，所以马在历史上的主要功能就是打仗。

骑马打仗是人类共通的历史。欧洲、美洲、亚洲各大洲全是骑马打仗，也没谁骑牛、骑鹿的。按理说鹿应该是可以骑的，它还长着俩角呢，可是它不听你的。还有个问题就是，鹿长途跋涉奔袭的能力不行。历史上，南美有骑羊驼打仗的，这看着就是个喜剧；南亚有骑大象打仗的，这看着像个旅游项目；澳洲还有骑鸵鸟打仗的，这看着就是个悲剧。

马在人类文明史上起过重要作用，从被驯服开始，就迅速介入战争。但骑马打仗，我国是从战汉时代开始的。汉代以前，多是以马车的形式介入战争。当时，双方在战场上的规矩很多，有点像做游戏。最早的骑兵还仅是作为潜兵偷袭和侦察用，真正的骑马打仗要到汉以后才进入白热化时期（图 7）。

图 7 西汉 彩绘骑马俑 咸阳博物院藏

图 8 战国 卧马形铜饰件
鄂尔多斯博物馆藏

在汉武帝时期，中国版图扩大跟马有很大关系。当时为了获取资源，想尽一切方法大量地买马、培育马。之前讲马踏飞燕的时候说过，当时有很多马是杂交的。

马可以分为三种：热血马、冷血马、温血马。奔跑速度快的全是热血马，冷血马都是用来挽车的。你要骑冷血马，它都不会闹事儿；但你要是骑热血马，一上去它就跑，很危险。这热血马，也叫纯血马。

世界上最早关于马的人类艺术，发现于法国东南部阿尔代什省的一个洞穴。它的洞壁上绘有千幅史前壁画，经证实，可以追溯至距今三万六千年前，是人类已知最早的史前艺术。这个洞穴被称为肖维岩洞。

历史上，有关马的文物非常多。战国时期就出现了青铜马，但它体量特别小（图 8）。较大的马，对它比较准确的造型塑造，是从秦始皇开始的，也就是我们熟知的秦始皇兵马俑（图 9）。

今天大众认知的兵马俑，马的数量要比人的数量少很多，而且那些马没有一个奔赴战场的状态。你们看秦马都很安逸，没有那种扬首之类的战争状态，都是非常静态的。其实汉马很多表现也是静态的，但此静态非彼静态。汉马的静态暗含杀机，从面部的情绪你可知晓；而秦马的静态啥都不含，就是纯粹的静态。两者不一样。汉代出现了用贵金属制作的小型化的雕塑马。

纯金汉马，目前就发现日本美秀博物馆里的这一件，重达 7 千克。陕

图 9 秦代 牵马俑 秦始皇帝陵博物院藏

西茂陵博物馆也有一只金马，是茂陵出土的，只不过这件是铜鎏金，和纯金的价值比起来就差远了。两者造型非常接近，但茂陵这只马的尺寸比美秀博物馆那只的要大很多（图 10）。

这只鎏金马长 76 厘米，高 62 厘米，通体铜铸鎏金。马昂首、翘尾，四腿直立，头部造型极为生动，两耳竖起。史书记载其为“金马”，是以西汉时大宛国的汗血马为原型而精制的工艺品，现在被奉为国宝。

美秀的纯金马和茂陵的鎏金马造型很接近，都是静中有动。两匹马的尾巴都是高翘，有极夸张的艺术张力。从今天的艺术角度去看，依然是非常完美的艺术品。可到了这个时候，还是没能看到富有动态表现的马的造型。完全动态的马就是我们熟悉的马踏飞燕。到东汉末期以后，才出现这种非常动态的马。再往后发展，到了唐代，各种姿势的马都出现了，抬蹄的，

图 10 西汉 鎏金铜马
陕西茂陵博物馆藏

仰天嘶鸣的，甚至还有打滚的，等等，各种复杂的姿势都有。

中国对“汗血马”的最早记录出现在两千一百多年前的西汉。汉初，“白登之围”时，汉高祖刘邦率三十万大军迎战匈奴，他和先头部队被匈奴骑兵所困，凶猛的匈奴骑兵给汉高祖留下了深刻印象。当时，汗血宝马正是匈奴骑兵的重要坐骑，所以我们干不过他们。“白登之围”后，刘邦认识到仅以武力手段解决与匈奴的争端不可取，因此，之后相当长的一段时间里，汉朝都采取“和亲”政策笼络匈奴，维护边境安宁。

汉武帝元鼎四年（前 113 年）的秋天，有个名叫“暴利长”的敦煌囚徒，在当地捕获一匹汗血宝马献给了汉武帝。汉武帝得此马后，欣喜若狂，称其为“天马”。武帝作歌咏之：

太一贡兮天马下。
沾赤汗兮沫流赭。
骋容与兮跇万里。
今安匹兮龙为友。

但只有一匹千里马是不能改变国内马的质量的，为了夺取大量的“汗血马”，西汉发动了两次战争，即“汉攻大宛之战”。

一开始，汉武帝就想，咱硬碰硬干不过人家，咱就用点怀柔政策，买呗！钱的力量很大啊，希望以重金换回种马。当时，汉武帝的使团来到了大宛国，要交换贰师城的汗血马。大宛国王呢，也许是爱马心切，也许是从军事上考虑，西域主要是骑兵，良马是骑兵战斗力的重要部分，您给多少钱我都不卖。

更严重的是，汉使归途在大宛国境内被劫，汉使被杀！汉武帝大怒，做出了武力夺取汗血宝马的决定。太初元年（前 104 年），汉武帝命李广利率领骑兵数万人，到达大宛边境城市郁成，但初战告败，没能攻下大宛国，只好退回敦煌。回来的时候，人马只剩十之一二。

真马没换来，和人家打仗还输了，汉武帝这下就更愤怒了。所以两年后，汉武帝再次命李广利带兵六万、马三万、牛十万，还有骆驼、驴等，此外还带了两名相马专家，前往大宛国。

这一回汉军强攻之下，大宛国内部发生了政变，贵族杀掉了国王，与汉军议和。大宛允许汉军自行选马，并约定，以后每年向汉朝选送两匹良马，都是种马。此行汉军选良马数十匹，中等以下的公母马三千匹。经过长途跋涉，到达玉门关时，全军的马仅剩一千多匹。

为什么死都要把这大宛马弄到手呢？八百年后，杜甫老爷子写过一首诗描写大宛马，非常有意思。这诗名叫“房兵曹胡马”：

胡马大宛名，锋棱瘦骨成。
竹批双耳峻，风入四蹄轻。
所向无空阔，真堪托死生。
骁腾有如此，万里可横行。

诗写得好！“胡马大宛名”就指明是大宛马；“锋棱瘦骨成”，这马浑身都是肌肉，没有肥肉；“竹批双耳峻”，你看今天汉代的文物，那耳朵都叫“竹劈耳”；“风入四蹄轻”，跑得飞快；“所向无空阔，真堪托死生。骁腾有如此，万里可横行”，一听这意思基本都懂。

大宛是中亚古国，在今天的费尔干纳盆地，汉称大宛。它是丝绸之路上重要的商贸地之一，当时大量的中亚商人在此等待贸易，其中有撒马尔罕（今乌兹别克斯坦）的粟特人，这是丝绸之路上最著名的商人；还有居住在今天伊朗、伊拉克以及土库曼斯坦的安息帝国的商人等。

关于丝绸之路，我们的印象里可能就是在沙漠中有一骆驼，慢慢地、磨磨蹭蹭地向前走。19 世纪末，德国地质学家李希霍芬在《中国》一书中，把“从公元前 114 年至公元 127 年之间，中国与中亚、中国与印度间以丝绸贸易为媒介的这条西域交通道路”命名为“丝绸之路”。其实远不止丝绸，还有其他商品，包括马匹。

公元前 138 年，张骞——这位汉代著名的外交官，封号博望侯——出使西域，联合大月氏抵抗匈奴，中途被匈奴俘虏。他虽然失败了，却揭开了西域之谜，了解了印度和安息帝国（今天的伊朗）。更重要的是，他第一次出使西域就到过大宛国，并受到大宛王的接待，在这里发现了汗血马，认为汗血马值得用丝绸、黄金去换！

那么，这匹金马是怎样到美秀博物馆去的呢？我们不知道，但肯定是买的。怎么买的呢？也不知道，人家不说。茂陵博物馆的这匹鎏金马，是在汉武帝茂陵陵区发现的。汉武帝爱马，天下闻名。在中国历史上，为了得到的宝马良驹而作诗的皇帝，汉武帝是第一人。

茂陵里的好东西太多了，所以历史上一直被盗贼盯着。茂陵是汉武帝刘彻的陵墓，位于陕西省咸阳的兴平市，是汉代帝王陵墓中规模最大、修建时间最长、陪葬品最丰富的一座，被称为“中国的金字塔”。汉武帝在位五十四年，茂陵修了五十三年，两千年间有文字记载被盗多次，它里头依旧塞满了宝贝。

第一次被盗比较夸张，野史有记载：汉武帝死后入帝陵才四年，茂陵就被盗了。墓中所葬的玉箱、玉杖被人在宝鸡扶风买到了，不过当时朝廷没找到盗墓贼。

二十年后，到了汉宣帝元康二年（前 64 年），风头似乎过去了，茂陵又第二次被盗，也没人知道。最后是因为当时河东郡有个叫李友的人，到上党抱犊山（山西省壶关县）去采药，意外地捡到了本该装在茂陵中金箱子里的四十多卷经书，才知道茂陵又被盗了。

再有，就是西汉和东汉相交之时，茂陵遭到了赤眉军的掠抢。赤眉军是中国古代著名的农民起义军，曾接连两次盗窃了茂陵。还有传闻说，东汉末年，董卓曾指使吕布挖茂陵。

唐朝末年，公元 881 年，黄巢率领起义军攻入长安，茂陵就成了他们取得军饷的宝库。传说黄巢的手下曾经大搬了三天，从茂陵盗挖了大量金银器。

民国时期，有一姓孙的军阀叫孙连仲，曾在陵上修筑战壕，被怀疑盗墓。

这些是有史料记载的，私人的盗挖更是不计其数。

如果我们拿茂陵跟满城汉墓比，茂陵的容量至少是它的十倍，甚至百倍，毕竟是皇上的墓嘛。究竟这茂陵底下有多大呢？随葬的文物有多少呢？现在我们真不知道。要是一个铜钱算一件文物的话，我们说里面有一百五十万件文物一点都不夸张，文物还就是这么计数的。

不幸的是，汉武帝——中国历史上最著名的皇帝之一，在死后没多久，他的墓葬就被盗了，而且两千多年来，人们一直没停过对他陵墓的侵扰。有幸的是，这两匹宝马，一匹纯金的，一匹鎏金的，还留在世上。一个在日本的美秀博物馆，一个在茂陵博物馆，两两相望。

065

唐·黑石号沉船长沙窑碗

新加坡亚洲文明博物馆藏

扫码听我讲
国宝故事

大约在公元 830 年，那时正值我国唐代中后期，一艘阿拉伯商船正返航行驶在中国至中东航线上。

这艘阿拉伯商船从广州港口出发，满载货物。途中，不幸在新加坡南部 400 英里处，距离印度尼西亚勿里洞岛附近 1600 米处沉没。沉没的地方靠近一块黑色的大礁石，所以这船就被命名为“黑石号”（图 1）。“黑石号”并不是这艘阿拉伯商船的名字，它可能叫“哈里发号”，也可能叫“阿拉丁神灯号”，我们不知道它叫什么，所以命名为“黑石号”，很多古代

图 1 黑石号模型

遗迹都以发现地来命名。

过了近十二个世纪，1998 年，当地渔民在捕捞海参的过程中，无意间发现了黑石号沉船（图 2）。据推测，当时它很可能撞到了附近的暗礁，继而向前行进一段就沉没了。幸运的是，大部分船体被珊瑚结构和厌氧的海床沉积物包裹，被大自然保护起来了，让我们今天得以完好地看到黑石号的面貌（图 3）。

被渔民发现之后，印尼当地的一家公司取得了打捞许可，这家公司找到德国人蒂尔曼·沃特法。沃特法原本是德国一家水泥厂的老板，他听厂里的印尼工人说，婆罗洲和苏门答腊之间的岛屿水域中有古代珍宝。1996 年，他带着潜水装备与印尼工人赶往传说有宝藏的水域进行勘察。1997 年，沃特法发现了中国鹰潭号明代沉船，1998 年又发现了马热尼号宋代沉船。同年，他找到了黑石号，由他和他的“海底探索”公司挖掘打捞，并付钱

图 2 黑石号沉船残骸

图 3 被珊瑚结构和厌氧的海床沉积物包裹的部分船体

让印尼海军负责周围的安保。

这是第一艘被完整发掘的古代阿拉伯沉船。打捞始于 1998 年 9 月，1999 年 6 月基本完成，还不到一年时间。其实，在沃特法开始正式打捞之前，已经被渔民陆续捞走了很多东西，所以今天在市场上经常还能看到黑石号的瓷器。从这个意义上讲，黑石号是渔民首先发现的。

黑石号完全打捞完成后，沃特法先生原本有意让黑石号的宝藏回归中国。沃特法的公司和原印尼打捞公司达成过合作协议，协议禁止黑石号文物拆分出售。最初开价四千万美金，当时相当于人民币三亿多。当年，为此事我还从中斡旋了很多人，但大家都嫌贵。沃特法曾尝试与国内有关方面及多家博物馆洽谈交涉，因为种种原因，导致没能成交。后来，新加坡酒店业富商邱德拔的后人捐巨资，协助圣淘沙休闲集团以三千万美元购得黑石号全部文物，于 2005 年永远落户于新加坡，目前收藏在新加坡亚洲文明博物馆的邱德拔艺术馆里。

我们把时间退回到公元 9 世纪。这艘载有唐代宝藏的阿拉伯单帆帆船，在最辉煌的唐代，与中国文化产生碰撞。中国的唐朝和阿拉伯帝国的阿巴斯王朝遥望并行。长安与巴格达，被海上和陆上丝绸之路紧密相连。巴格达，就是今天千疮百孔的那个巴格达。

中国与西亚的海上贸易是何时开始的，具体我们尚不清楚。但可以明确的是，它至少在公元 636 年就有了贸易记录，那年正好是我国唐代贞观之治时期的贞观十年。

在波斯湾顶端，衔接底格里斯河的一个港口，叫埃尔乌布拉，被阿拉伯人占领后，称它是“通往巴林、阿曼和中国的港口”。虽然后来在东南亚没有发现过这一时期的任何中国船只，但黑石号向我们提供了历史上第一个证明阿拉伯人来中国贸易的实例。

从使用东非硬木和造船技术上看，可能是阿曼湾或波斯湾周围某个港

图 4 木船的建造

口造了这艘商船，阿拉伯人很早以前就有使用非洲硬木造船的传统。沉船约 18 米长，6.4 米宽，船体由木板用椰壳纤维制成的细绳连接而成，而不是采用后世阿拉伯传统的用钉子固定的技术。

晚唐人刘恂所撰的地理杂记《岭表录异》中提到，“贾人船不用铁钉，只使桄榔须系缚，以橄榄糖泥之。糖干甚坚，入水如漆也”。这段文字很清晰地写到这船不用铁钉，用桄榔的纤维系住。橄榄糖我还真不知道，估计跟咱们吃的糖大不一样。这个文献上指的可能就是这种船，这一类型的船今天在阿曼仍可以找到（图 4）。

当时，黑石号的水手们往返于中国、东南亚到阿拉伯航线的各个港口，共航行了约 16000 公里。他们依靠太阳和星星导航，靠观察陆地标识和辨认当地动植物等最原始的方法，来寻找前行的方向。秋天从波斯湾起航，赶上东北季风，穿过南海，到越南海岸，再北上到达广州。一路上，阿拉伯船进行物资补给、招募船员、购买所到之处的特产：阿拉伯的香料，印度的象牙、纸、棉制品，斯里兰卡的珍珠、宝石，东南亚的木材、树脂、调味品等等。

黑石号搭载的货物种类非常丰富，包含瓷器的碗碟、铜镜、香料罐、水罐、明器和镀金银盒等，总数超过六万件。在这六万件物品中，瓷器占 98%，其中有一件白釉绿彩带把壶，在出水的所有白釉绿彩器中最为引人注目（图 5）。它被称作“勿里洞大壶”，高约一米，长颈圆腹，喇叭足，口沿和肩部有泥条三股式把，把上端是蛇头。器物的纹样在出水的其他器物上有，但从未在中国发现类似的瓷器。此壶显然不是实用器，在中国境内，类似器物多作为明器使用，如河北省蔚县榆涧唐墓出土的绿釉带把壶（图 6）。

在出水的六万多件瓷器中，仅有三件唐代釉下彩青花瓷器（图 7）。

图 5 黑石号出水白釉绿彩高足长柄壶

图 6 唐代 绿釉高足带柄壶 蔚州博物馆藏

经过考证，这些青花瓷器出产于唐代东都洛阳附近的巩县窑，是发现最早、最完整的中国青花瓷，且与扬州唐城遗址出土的青花瓷片纹样类似(图8)。这种纹样在唐代陶瓷、金银器中罕见，却与同船发现的金盘上的纹样相像，当同为出口器物。黑石号上的发现证明，唐代已经可以烧造青花瓷，且已经用于出口。但此青花非彼青花。现在青花瓷的一般概念是“高岭土，釉下钴料，高温一次烧成”，显然唐青花缺少这些要素，它不是高温烧的，是中低温，所以更有釉陶的感觉，并且两者纹样也不一样。目前发现的所有唐青花实物，与景德镇的青花没有任何血脉关系。

在黑石号残骸中发现有河北邢窑和浙江产的青瓷（图9），还有很多在浙江和扬州制作的金器。物品中共发现有30件金银器和18件银锭，

图7 黑石号出水青花瓷盘

图8 唐代 青花残片 南京博物院藏

图9 黑石号出水邢窑、越窑盏

其中有多件曲瓣银盒，造型像云朵，是唐代中国南方常见的器型（图10）。一件方形金盘的纹样类似芭蕉叶，中心形成佛教的“卍”字符，为存世孤品（图11）。出水金器中还包含一件八棱胡人伎乐金杯，为已知同类器物中最大的。杯高10厘米，八边形，杯面贴有乐师和胡人舞者形象，杯把上有卷发的胡人头像（图12）。此金杯的形制与之前讲过的何家村窖藏出土的银鎏金胡人伎乐八棱杯十分类似（图13）。

黑石号文物中还包含二三十枚铜镜，有中国铜镜和部分南亚铜镜。

图10 黑石号出水银盒

图11 黑石号出水金盘

图12 黑石号出水胡人伎乐纹八棱金杯

图13 唐代 银鎏金胡人伎乐纹八棱杯
陕西历史博物馆藏

图 14 黑石号出水江心镜

图 15 黑石号出水的“盈”“进奉”款瓷器

出水的铜镜中，包含汉代、隋代的铜镜以及唐代早期数量最多的葡萄纹镜。在所有的出水铜镜中，一面扬州生产的“江心镜”最为引人注目（图 14）。这方铜镜大约制造于 759 年，铭文为“唐乾元元年戊戌十一月廿九日于扬州扬子江心百炼造成”。镜面带有四神和八卦纹饰，类似的铜镜在唐代曾用于出海远航时的祭祀活动。由此推测，当时船上可能有中国船员。

唐代政府对当时的国际贸易有严格细致的法律和政策。当时中国的制丝业已失去垄断地位，但在公元 714 年，官方仍颁布法令规定：优质丝绸、珍珠、黄金及其他一些贵重物品禁止出口卖给外国人。

然而瓷器似乎从未有过出口限制，且中国当时垄断了瓷器制造业。国家之间或者私人之间买卖瓷器，直接在港口用瓷器以物易物，受当地官员支持。外国人来朝贡收到瓷器回礼，是很普通的事情。在黑石号上，发现有“盈”“进奉”款的瓷器及许多精美的金银器，级别很高（图 15）。由此可猜测当时船上有官员，官方介入了此航程，进而推测黑石号可能带有某种外交使命。所有这些都是学者们的研究成果。

历史上有记载，当时中国朝廷送了一批宫廷用瓷给阿拉伯国王哈伦·拉希德，他对此大为赞叹。哈伦·拉希德在位期间是王朝最强盛时期，处于伊斯兰的黄金时代，当时的首都巴格达和我们的长安均为世界第一流城市，他的故事也被写进了《一千零一夜》里。阿拉伯人评价中国白瓷“有珍珠般的外表，像是从月亮上刻下来的”。

在黑石号上还发现了钱币，有公元 621 年和 845 年铸造的开元通宝、乾元通宝（图 16）。中国当时的铸币质量很高，开元通宝在中亚、韩国、日本、越南等地通行。日本在公元 708 年首次铸币，越南在 970 年，韩国

图 16 黑石号出水钱币

则是在 996 年，都是仿照开元通宝。当时，阿拉伯的阿巴斯帝国金币，也在长安、东南亚等地出现。开元通宝和阿巴斯金币一起作为跨国流通货币，加速了各国的贸易流通。

约在 6 世纪，印度尼西亚成为我国树脂香料的主要进口国，渐渐代替先前出口乳香和没药的西亚。在黑石号上还发现了安息香树脂，可能当时是船员用来祈求平安和祭祀的。当时，苏门答腊岛和爪哇的安息香树脂最有名，用于佛寺燃香、香薰和入药。

船的载货量比陆路驼队大得多，所以当时从东亚到东南亚、南亚和西亚的海上贸易路线变得更加重要，港湾成了那个时代重要的商业中心。贸易路线通过海洋和陆地，今天我们仍可以看清当时的全球化贸易趋势。

在东南亚，三佛齐帝国繁荣发展。三佛齐发源于现代苏门答腊岛上的巨港附近，是东南亚印度化古国之一。建国时代不详，只知道 7 世纪开始向中国进贡。三佛齐位于马六甲海峡南端，地理位置优越，成为当时马来群岛的香料贸易中心。它经济力量雄厚，又是当时东南亚佛教中心，为当时东南亚强国。但它没有自己的文字，大量出土的碑文以梵文撰写。在南亚，规模宏大的那烂陀寺是古代印度佛教的最高学府，有很多中亚和东南亚的僧人学者聚集于此。黑石号便是沉没在三佛齐帝国巨港旁边的勿里洞岛。学者们推测，当时黑石号很可能在这个地方进行过补给。

那个年代，佛教与伊斯兰教、道教和平并存。在黑石号沉船中，有佛教和伊斯兰教、道教符号的器物紧挨着放置在一起，没有高低之分。

在沉船上还有一些私人物品，如西亚玻璃瓶，应该是装化妆品或者药物的。在船体旁边发现有银勺、一些金手镯和漆盘，盘心红漆盘背面黑漆，以及一方刻有蛾子图案的砚台，这可能是当时旅行的中国文人留下的。这些都是黑石号上留下的明显的中国人痕迹，是一位中国船员还是乘客？我们就不得而知了（图 17）。

图 17 黑石号出水西亚玻璃瓶

图 18 黑石号出水用来赌博或游戏的骨骰、象牙制的橡果形小物件

休息的时候，来自多国的水手们也会玩游戏、赌博打发时间。船上发现了动物骨做的骰子、四个象牙做的橡果形的东西，应该是用来玩棋的（图 18）。同时，他们也在玩着一场更大的游戏——航海。

在黑石号出土的陶瓷器物中，数量最多且文物价值最大的就是这批长沙窑瓷器（图 19）。这些瓷器在装船时堆叠成圆柱形，使用稻草捆扎，或者装在储物罐中。其中一件瓷碗上有“宝历二年七月十六日”刻文，这一年号对应的年份是 826 年（图 20）。另一件瓷碗则写着“湖南道草市石渚盂子有明樊家记”，标明了产地和生产的作坊，它几乎是一条唐代的广告语（图 21）。“石渚”指的是长沙市望城区，“盂子”是器型，“樊家记”是作坊的名字。此外，装载长沙窑瓷器的储物罐，据考证为广东新会官冲

图 19 黑石号出水的长沙窑瓷器

图 20 黑石号出水的“宝历二年七月十六日”铭瓷碗

图 21 “湖南道草市石渚孟子有明樊家记”文字碗

窑出产的作品。

长沙窑的碗约有五万个，作为单一商品，它的纹样一点儿都不单一，还非常丰富。有花卉纹、云气纹，还有桫椤纹、阿拉伯人肖像和阿拉伯文字等图案的外国纹样。有的还明确写着功能，比如直接在瓷器上写“茶盏子”等（图 22）。

我们过去对长沙窑认知过浅，一直认为它不够档次、比较粗糙，仅仅是中国早期瓷器中的一支。黑石号里的商品非常齐全，它的发现让我们超出了以往对长沙窑的全部认知。过去很多人认为，长沙窑就是个土窑，自己烧的器物自己就用了，而黑石号向我们证明，长沙窑瓷器不限于单纯内销，它已成为当时世界上最重要的外销日用瓷产品。今天是过去历史的回声，全球各国最主要的联系就是贸易，黑石号给我们上了非常生动的一课。

黑石号里的长沙窑的全部作品是我们的国宝，就算它们现在在新加坡。当然，这批东西最好还是在我们国内，可惜啊，机不可失，失不再来。

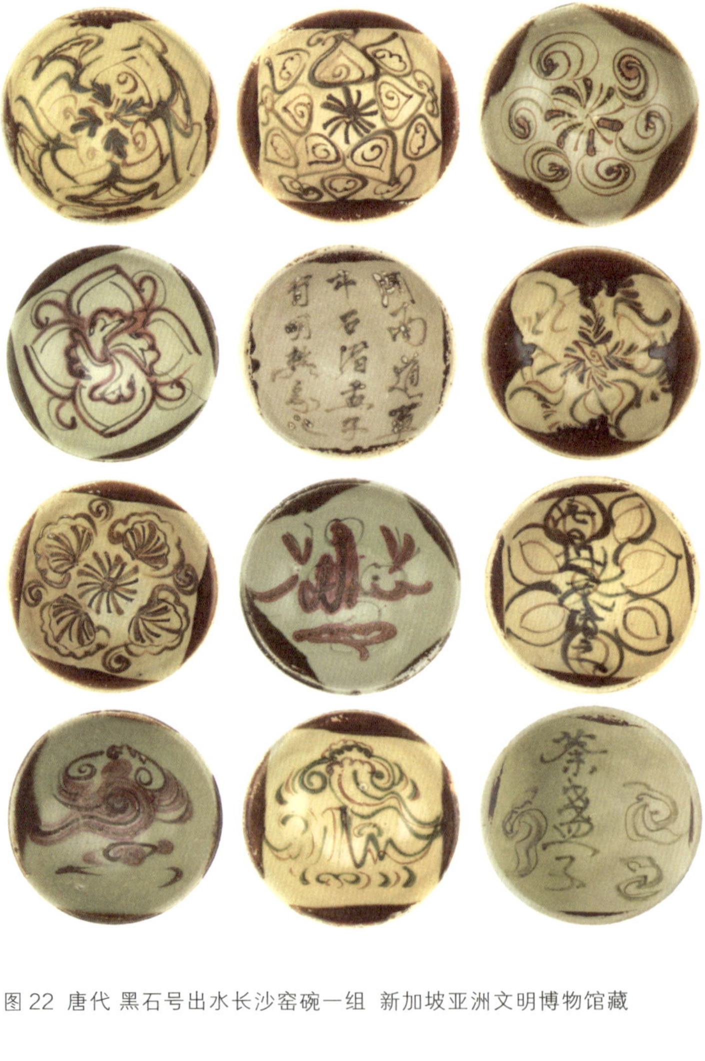

图 22 唐代 黑石号出水长沙窑碗一组 新加坡亚洲文明博物馆藏

066

辽·三彩罗汉像

英国大英博物馆藏

“风萧萧兮易水寒，壮士一去兮不复还。”这两句我们都很熟悉。“萧萧”指声音，“风萧萧”“马萧萧”，古人最爱这样描述声音。“易水”指的是今天河北省易县的一条河，当时为燕国的南界。“壮士”这里指的就是荆轲。易县还有著名的古迹清西陵，是清代自雍正起，四位皇帝的陵寝之地。始建于雍正八年（1730 年），包括雍正的泰陵、嘉庆的昌陵、道光的慕陵和光绪的崇陵，后来又加上了一个宣统帝溥仪的墓地。

这回讲的这件国宝就来自河北易县，旧说法是一尊辽代的三彩罗汉像。这尊罗汉同样一去不复还，去哪儿了？大英博物馆（图 1）。当然也没准

图 1 英国大英博物馆

图 2 唐代 三彩马及牵马俑 陕西历史博物馆藏

儿哪一天大英博物馆一高兴，就给咱还回来了，凡事皆有可能。

三彩造像中，我们最熟悉的是唐三彩，有各种马、骆驼和人物俑（图2）。辽代受唐代影响，也制造三彩造像，宋、金时期也有三彩，只不过越来越弱化了。辽、宋、金时期，三彩达到了人物造像的巅峰。这类三彩都属于一种釉陶，当然，辽三彩的胎土比唐三彩的更结实一些（图3）。

这组三彩罗汉像共有十六尊，早期都是十六罗汉，按现在的说法是十八罗汉，有两尊是后加的，世俗的说法是降龙罗汉和伏虎罗汉，这是乾隆皇帝钦定的。目前，这组十六罗汉中只有十尊存世，流散在世界各地。其中有八尊是经同一人之手运到海外的。

这些造像一经面世，便在当时的欧美古董市场引起巨大轰动。这人的身份复杂，叫帕金斯基（1877—1965），听着有点像帕金森病。他是德国人，出生于柏林，父亲破产导致他 17 岁就离开学校，为一个出版商工作。工作期间，他开始对亚洲艺术感兴趣，自学日语。也不知为什么，学完日语后跑咱这儿来找东西了。随后，他出版了一些研究日本艺术的书籍。1905 年，德国不莱梅艺术博物馆派他去日本买藏品，这次机会为他日后成为古

图 3 辽代 龙泉务窑三彩菩萨像
门头沟博物馆藏

董商奠定了基础。值得一提的是，在一战期间，他曾效力于德国东方情报局，说白了他是个间谍，对事物非常敏感，观察敏锐。

1912 年是动荡的一年，这一年正值大清灭亡，“中华民国”取而代之。动乱年代古董贬值，历史上许多文物就是在动乱时期流出海外的。所以，对帕金斯基来说，这是一个绝好的机会。那时，他频繁地来到中国，主要去北京古玩市场搜寻佛像，古代佛像是他的研究专长。帕金斯基发现了一组真人大小的罗汉像，就是前面说的这组易县辽三彩罗汉像。他把自己在中国的经历写成了一本书，叫《中国诸神》，书里记录了他在易县找三彩罗汉像的经历，记录细致到交易了几件，乃至最后到了欧洲和北美的哪家博物馆。

帕金斯基对中国古代艺术非常了解，深知中国古代雕塑中，按照人体比例制作的作品非常少。一般情况下，我们做的雕像不是小就是大，很少有 1:1 的。为什么呢？因为每个人都对人非常熟知，如果按真人大小比例去做，稍微有

图 4 帕金斯基 1912 年拍摄的睒子洞

一点不对就容易被发现；如果做的雕像超大或超小，就不大容易被察觉。

1912 年夏天，帕金斯基正好在北京，看到易县辽三彩罗汉像其中的一尊，非常震撼，马上询问卖家，却得知被日本人捷足先登了。帕金斯基不放过任何一丝机会，居然找到了这位日本买家。几经周旋，日本人虽然不愿把罗汉像再卖给他，但告诉了他一个非常重要的线索，就是这尊罗汉像最初的地址和来源。顺着这个线索，帕金斯基找到了河北省易县八佛洼的山洞，此地位于北京西南 130 多公里处。

佛窟多依山壁开凿而成，内有佛像及宣扬佛教教义和佛教故事的壁画等等。在我国，著名的佛窟有敦煌莫高窟、龙门石窟、云冈石窟等。但瓷质的佛像在众多石窟中可谓极其少见。因为这么大尺寸的瓷胎很难烧造，要么烧不熟，要么就烧裂了，这种整体不拼接的佛像尤其难烧，一千年前的烧造技术很难达到。

为了寻找存放罗汉像的山洞，帕金斯基雇了翻译帮他打听。这期间，他以生病休养为由，住进了易县清西陵的永福寺。功夫不负有心人，终于，他找到了这个位于半山腰的睒子洞，令他失望的是，洞里除了一尊明代的

图 5 辽代 三彩罗汉像 英国大英博物馆藏

弥勒佛像和善财童子像，其他空空如也（图 4）。向导后来告诉他，前不久还看见这里有几尊三彩罗汉像。那这几尊三彩罗汉像去哪了呢？原来，是有人先到一步，出高价把罗汉像搬下山了，令人遗憾的是，由于山路颠簸，有几尊罗汉像在运输过程中被毁。有几尊完好的已被高价卖给外国人，当地人尝到甜头，就把剩下的藏起来，等待人出大价钱。

帕金斯基在书中记录了当时地方政府对罗汉像被盗卖的态度，他认为当地政府对买卖三彩罗汉像的事心知肚明，监守自盗。当地政府知道这件事后，惩罚了一批文物盗贼，但这只是他们做的表面工作，实际情况是他们垂涎文物贩卖所获的暴利，导致最后罗汉像一尊都没有留下。

大英博物馆的这尊三彩罗汉坐像，坐高 103 厘米，加上底座重达 226 千克。大小和真人差不多，通体施釉，古朴沉静。这尊罗汉像，双手结禅定印，是一位得道高僧的传神写照，气韵生动，神态非常逼真，塑造得非常出色，就艺术成就而言，达到了古人人物雕塑的巅峰（图 5）。

作为中国古代十分少见的有现实主义风格的艺术品，在一百多年来，这些三彩罗汉像备受东西方美术研究者的重视。中国古代造像跟西方古典雕塑相比，西方更注重精准和美学比例，而这些三彩罗汉像不仅结构和比例精准，还完美结合了东方审美所注重的意境，堪称绝品。

当时的匠师不但对人体的刻画追求精益求精，对造像细节处理也非常高超。中国工匠在造像着装方面有许多出色的创造，比如北魏后期发展起来的装饰化程度很高的悬裳座，生动地表现了唐代佛像随莲座起伏有致的袈裟下摆（图6）。到了八佛洼这些罗汉，已经突破了源自印度的贴体湿衣和犍陀罗程式化衣褶的旧传统，衣料的质感、肌体的结构都得到近乎完美的表达，甚至袈裟上的纹路随衣褶的起伏也做了相应变化。这在后来的佛造像中不多见。

还有一件神奇的事，最初罗汉像流入世界各大博物馆时并没有底座，而现在都有底座，还都是原配，这些底座是怎么来的呢？这就又要提到卢

图6 唐代 佛坐像 河北博物院藏

图 7 辽代 三彩罗汉像
美国纳尔逊 - 阿特金斯艺术博物馆藏

芹斋了。这个卢芹斋，就是贩卖昭陵六骏的那个卢芹斋。他的一生充满传奇色彩，并且备受争议。

卢芹斋看到易县三彩罗汉像在欧洲引起轰动后，立刻跑到河北易县淘宝。他去得有点晚了，就剩下最后一尊罗汉像，这尊后来被美国纳尔逊 - 阿特金斯艺术博物馆收藏（图 7）。同时，他发现前面的人搬罗汉像的时候没把底座搬走，他就赶紧把这些底座收起来，重金转卖给了世界各大博物馆。卢芹斋，我们之前多次讲过他，从经营的角度讲，他是一个非常优秀的商人，不放弃任何一个机会。

早年，这些三彩罗汉像被认定为唐代作品，也就是唐三彩。当时对辽文化有偏见，认为这么好的东西不可能是辽代做的。

1996 年，美国费城宾夕法尼亚大学考古与人类学博物馆的罗汉像由理查德 · 史密斯进行了热释光测试，罗汉像的年代被定在 836—1222 年，底座也大概是同一时候，相当于辽金时期（图 8）。后来，斯图亚特 · 弗莱明对这尊罗汉像进行了修复，并对断代做了修正，他更倾向于罗汉像是

图 8 辽代 三彩罗汉像
美国宾夕法尼亚大学考古与人类学博物馆藏

1110—1310 年间的作品。学者们普遍认为造像制作于辽代，但在辽代造像中，在中国文物史上，这一组罗汉像是一个孤例。

从测试中给了我们一个信息，它处于辽代中后期，日期偏后。我个人更倾向认为它是金代作品。为什么呢？因为金代的三彩人物、红绿彩人物非常多，虽然没有这么大型的，但小型的都做得非常传神，我们不排除是这一时期的（图 9）。最近，也有国外学者来论证它。至于到底是辽是金不太重要，这两个朝代前后脚。

梁思成先生曾在宾夕法尼亚大学留学，当时亲眼见过易县三彩罗汉像，他曾赞叹道：罗汉坐像的身体和容貌都非常写实，不亚于意大利文艺复兴时期最精的作品。梁思成先生给予了这批罗汉像很高的评价。

这一组三彩罗汉像当初为何栖身于山洞，至今仍是一个谜。主要有三种说法：

“灭佛说”。认为当时经历了法难，于是僧人把罗汉像藏到山洞内。但辽金时期佛教盛行，没有大型法难，这个说法不易成立。

图 9 金代 红绿彩供养人像 中国磁州窑历史博物馆藏

“战乱说”。易县古称易州，古代常有战乱。从五代起，易州由中原和契丹政权轮番控制，辽、宋、金并立时期也战乱频仍。所以有可能为了躲避战乱，把罗汉像藏起来。

“修行说”。认为睒子洞是八佛洼山下寺庙的一部分，是僧人远离世俗、闭关修行的场所。这一说法得到较多学者认同。

我们看一下，“灭佛说”和“战乱说”都比较牵强，那段时间没有灭佛这类事，遇到战乱的时候也都是自顾自地，往那么高的地方放置，要有极充裕的时间和条件，我个人比较同意“修行说”。

成书于 1930 年代的《易县志稿》中有记载：“八佛洼……亦称百佛洞或百佛山……内有大慈佛八尊、小慈佛七十二尊，又依山建阁，内有三彩慈观音一尊，后为邦人盗去售诸国外，今在英伦者有三，彼邦人以为唐三彩慈云（注：慈即瓷）。”这段记载，基本清晰可信。

易县三彩罗汉像最初一共有十六尊，20 世纪初被盗运出境的过程中，

图10 辽代 三彩罗汉像(两尊)
美国大都会艺术博物馆藏

图 11 辽代 三彩罗汉像
美国波士顿美术博物馆藏

图 12 辽代 三彩罗汉像
加拿大皇家安大略博物馆藏

至少毁弃了三尊，迄今为止，存世只有十尊，还有三尊对不上数。据说现在还有一尊在私人藏家手中，我们不得而知，没有见过。

今天，想要看到已知下落的幸存的这十尊易县三彩罗汉，需要前往三大洲、六个国家、九个博物馆。美国有五尊：大都会博物馆两尊（图10），波士顿美术博物馆（图11）、纳尔逊-阿特金斯艺术博物馆、宾夕法尼亚大学博物馆各一尊。加拿大皇家安大略博物馆（图12）、英国大英博物馆、法国吉美博物馆（图13）、日本各收藏一尊。俄罗斯圣彼得堡艾尔米塔什博物馆还有一尊，准确来说是半尊残像，之前收藏在德国柏林东亚艺术博物馆，二战期间历经辗转，最后入藏俄罗斯艾尔米塔什博物馆（图14）。

一百多年前，这一组代表中国造像艺术巅峰的三彩罗汉像，漂洋过海流散了，如今在世界各大博物馆供参观者敬仰。在这些沉默的罗汉面前，世人都是匆匆过客。

图13 辽代 三彩罗汉像 法国吉美博物馆藏

图14 辽代 三彩罗汉像 俄罗斯艾尔米塔什博物馆藏

067

西周·裘卫四器

岐山县博物馆藏

先讲一个字：裘，裘皮的“裘”。裘有两个基本解释：第一个解释是皮衣，比如古语中“集腋成裘”“肥马轻裘”；第二个解释是姓，姓裘，比如裘盛戎——裘派花脸的创始人。关于裘姓的起源，一种说法是以官为姓，《周礼》中有载：“司裘，掌为大裘，以供王祀天之服。中秋献良裘，……季秋献功裘，……”意思就是，天冷了，要替天子、大臣准备裘皮服装，“救寒莫如重裘”。司裘官就是负责宫廷皮衣制作管理的一个小官，后代据其官职，演变成姓氏。

这回讲的就是一个裘官的故事。1975 年 2 月，正值春耕之际，陕西岐山县董家村村民白明科一早套牛去犁地。犁地时，意外地发现了一处青铜器窖藏。这种事在陕西太多了，但是你都碰不上。陕西处处有宝贝，我们讲过的好多宝贝都是农民下地干活挖出来的。

这个窖藏出土了从周穆王到周宣王时期的青铜器 37 件，其中大部分青铜器上有铭文，对研究西周中晚期的政治、经济、法律、土地制度和阶级关系提供了非常重要的依据。其中一簋、一盉、两鼎，这四件铸有长篇铭文，记载了四件事儿，都跟一个叫卫的裘官有联系。这就是这回要讲的“裘卫四器”。

裘卫是谁呢？他是干什么的？我们通过这四件跟他有关的东西告诉你。我们按年代讲，第一件是卫簋。簋是在祭祀中盛放粮食的食器，鼎与簋配合使用。周朝的礼制中有严格的等级：天子享用九鼎八簋；诸侯，七鼎六簋；大夫，五鼎四簋；上士，三鼎二簋；下士，一鼎一簋。我们，没鼎没簋。

卫簋是在周穆王二十七年制作的，高23厘米，重5.7千克，盖和器底共铸铭文7行73字。此簋现藏于陕西省岐山县博物馆（图1）。铭文记述卫在这一年受到穆王召见和封赏，卫觉得好日子来了，从此要发迹了，就制作了这件簋来纪念这件事。当时卫仅是得到召见，还没有启用“裘”姓，也还没有得到“司裘”这个官职。

周穆王为什么要召见他呢？铭文上并没有交代，但从其他几件青铜器的铭文中可以知道，卫是做裘皮生意的。动物毛皮是人类最古老的高级衣料，人类从诞生之初，就会本能地利用动物毛皮。我们的地球经过了几个冰河期，动物之所以能生存下来是因为具备皮毛厚、脂肪多的先天条件，而人类显然不具备这些特点，只好利用其他动物，“食其肉，寝其皮”，才得以生存，可见毛皮对人类的重要性。卫的裘皮生意做得风生水起，此人还非常善于钻营，懂得利用机会，此次周穆王召见对他就是个极好的机会。

据史料记载，还有这样一个故事。殷商末年，比干曾在大营一带做官。当时那里遍地荆棘，野兽肆虐，于是比干贴出告示，鼓励民众打猎食肉，并将兽皮收集起来，经反复试验，终于发明了熟皮技术，使生硬的兽皮变得柔软起来，能缝制成裘服。他将这一技艺传授乡里，造福庶民，为人乐道，被奉为裘皮鼻祖。随着熟皮技艺一代代流传，皮行也传下一条不成文的规矩，学徒都要先拜过祖师爷比干，然后才能学艺。这是一段插话。

第二件，是卫在周共王三年制作的一件青铜盉（图2）。盉，也是一种祭祀礼器。此盉三足，带流，有盖，高29厘米，重7.1千克，现藏陕西省岐山县博物馆。古代的酒都是酿造酒，酒精度不可控，浓淡不一，所以需要调酒。盉里装水，用来调酒。此器盖内有铭文12行132字。这时候，卫已在王室担任司裘之职了。铭文中出现“裘卫”的称呼，记载的是周共

图 1 西周 卫簋及铭文 岐山县博物馆藏

图 2 西周 卫盉及铭文 岐山县博物馆藏

王三年三月，在丰京举行大阅庆典活动。

矩伯是周王室的贵族，他必须参加，可是他缺少必需的礼器，于是向裘卫买了一件玉璋，价值八十朋。朋是贝币单位，五贝为一串，两串为一朋，八十朋就是八百个贝壳。但是矩伯穷，没钱，于是商定以“十田”抵账。

《周礼》中说：璋以皮。所以矩伯又向裘卫买了两件赤色虎皮、两件鹿皮、一件蔽膝。蔽膝类似围裙，你看孙悟空的皮裙子是啥样，它就啥样。蔽膝与佩玉在周代有严格的尊卑等级制度。这几件裘皮价值二十朋，商定以“三田”土地抵账。因为交换涉及土地转让，裘卫便把此事向几位执政大臣报告，由三司出席公证，在现场主持田地移交仪式。

需要说明的是，这里的“田”指的是“一夫之田”，就是一个人耕种的田地面积。周代实行井田制，按一夫百亩的标准分配土地。所谓井田制，就是九宫格，每格 100 亩。这里共交换了“十三田”就是 1300 亩，当时的 100 亩比较小，相当于现在的 30 亩，1300 亩就相当于现在的 390 亩，也就是 26 万多平方米，由此可见，换的那几件东西有多贵！玉璋暂且不说，单看这裘皮，铭文中只记述了几个字，说不清楚，我们且看《红楼梦》里对裘皮的描写。

“黛玉穿的红香羊皮小靴”，红香羊皮是清代蒙古地区进贡的一种细揉皮。“外面罩的白狐狸里儿的鹤氅”，是说外罩的里子是白狐狸毛的。

“史湘云穿着贾母给她的一件大褂子，貂鼠脑袋面子，大毛黑灰鼠里子，里外发烧”，“里外发烧”的意思就是正反都有毛，两面穿。

“宝玉穿狐狸皮袄，罩一件海龙皮鹰膀褂”，海龙皮就是大海獭皮毛，只有俄罗斯有，不仅非常御寒，还非常贵重。穿海龙皮、戴海龙皮帽子是穿皮毛的最高等级。

这几处是《红楼梦》里雪天的人物装扮。由此可以看出，直至清代，我们冬季御寒还主要靠动物皮毛。除御寒外，动物皮毛还显得华丽尊贵，象征身份。20 世纪，皮大衣、皮帽子、皮手套、皮褥子还都是富贵人家的必备物件。

卫盉上记载的这件事情年代久远，但仍为我们提供大量信息，说明土地、皮毛、玉璋在当时的价值。

后来，裘卫在周共王五年的时候又做了一件铜鼎，我们将其称为“五祀卫鼎”。鼎高 36.5 厘米，重 11.5 千克（图 3）。鼎是青铜礼器中最重要的一种，是用来盛放肉类的食器。商周以来，鼎被视为传国重器，象征权力。比如成语中有“一言九鼎”“山河九鼎”“定鼎中原”等等。此鼎原藏陕西省岐山县博物馆，后被征调至陕西历史博物馆。

鼎的腹壁内有铭文 19 行 207 字，记录了一桩土地补偿诉讼案。奴隶主邦君厉在昭王太室东北治理两条河流，侵占了裘卫五百亩田地。双方谈好，厉答应用自己的五百亩田地补偿给卫，谁知厉中途反悔，不愿意兑现。裘卫一怒之下将厉告到执政大臣那儿，经审理查证，此事属实。经过和议，执政大臣做出裁决，判裘卫赢官司，但和了稀泥，打了个八折，付给裘卫田地四百亩。古人重信，又让厉对此事发誓，并交代官员勘定田地范围。虽然结果不甚满意，但以裘卫这样的小官，通过官司打败比他身份和地位都高很多的大官，他真是很得意！所以铸鼎记录此事。

裘卫在周共王九年又做了一件铜鼎，形制、纹饰和前鼎相同，有铭文 19 行 195 字，通高 37.2 厘米，重 12.25 千克，现藏于陕西省岐山县博物馆（图 4）。铭文记录了他在和矩伯的另一次交易中获得的利益。

周共王九年正月，在驹宫举行盛大典礼，接见眉敖的使者肤，眉敖是西南地区的一个小国。矩伯为参加这次典礼，又向裘卫买了一驾豪华马车和整套马具，有虎皮、长毛兽皮做的车饰，有革制的马鞭等，还给他的夫人买了三匹帛。

矩伯把自己的一片林地给裘卫作为交换。林地里有一块是颜家林地，

图 3 西周 五祀卫鼎及铭文 陕西历史博物馆藏

图 4 西周 九年卫鼎及铭文 岐山县博物馆藏

裘卫只好另送给颜家主人两匹大马，送给他的夫人青黑色服装一件，送给管家貉裘一件等。除此以外，裘卫还给其他参与此事的人员每人一份礼物。打发了这么多人，终于得到这块林地。

这就是大名鼎鼎的“裘卫四器”：廿七年卫簋、三年卫盉、五祀卫鼎、九年卫鼎。一般来说，带铭文的青铜器的命名，直接用器主名加器型即可。由于此窖藏同时出土多件类似的青铜器，学者加以铭文时间来做区分。

通过这四件带铭文的青铜器，我们多了好多疑问。为什么把这些事件记录在饮食器具上呢？这些东西相当于我们今天的锅、壶、盘子、碗之类。当时记录文字尚没有更好更易保存的媒介，所以铸铜记录。这种记录在青铜器上的铭文，就是金文，也叫钟鼎文、大篆、籀书。随着生产力不断发展，我们记录文字的载体也不断发生改变，比如以前的甲骨（图5），后来的木牍、竹简（图6）、帛、纸，到今天的电脑、云盘等等。人类的文明也是从石

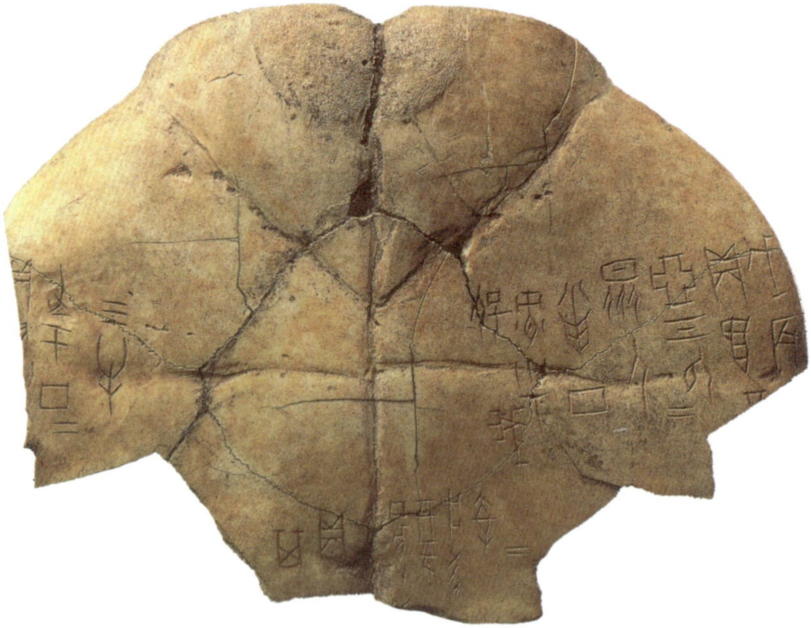

图5 商代 氏众人卜甲 山东博物馆藏

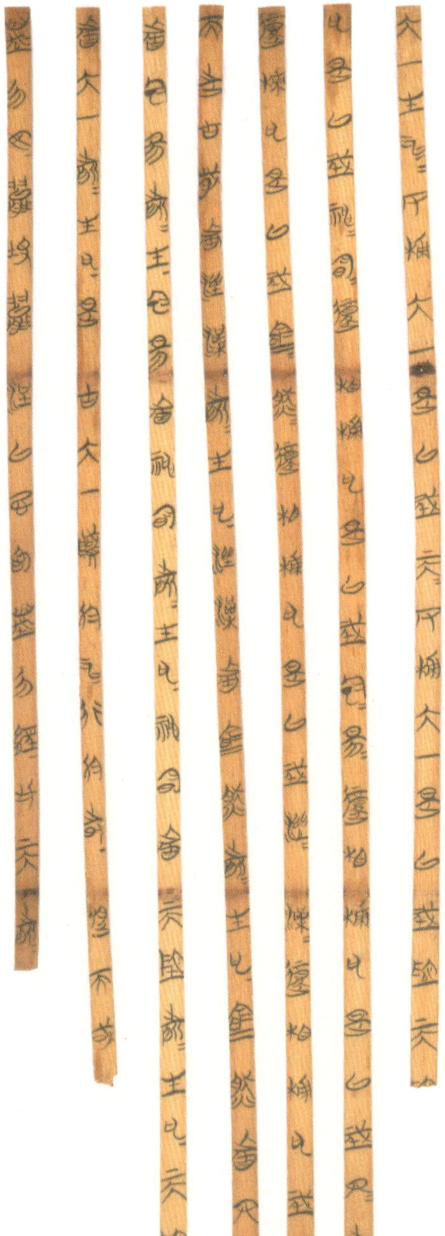

图 6 战国 郭店楚简 荆门市博物馆藏

器时代到青铜时代，到铁器时代，到工业时代，再到信息时代。在青铜文明时代，青铜器代表了那个时期最先进的生产力，是当时的奢侈品，用以记录文字可见其郑重。

西周实行分封制，周王把土地和人民分封给王族、功臣和贵族，让他们到各地去做诸侯，建立诸侯国。但土地名义上仍属天子所有，不得随意买卖。《礼记》载："田里不鬻"，"鬻"就是卖的意思。

到了西周晚期，国力衰弱，一些贵族已是穷困不堪，此时，制度就开始松动。矩氏是殷商以来一直兴盛的大族，到了矩伯，家族没落，为了备礼物撑场面，只好去向地位远不相称的司裘小官做土地交换，以维持面子。

虽说土地已可以自由转让，但必须经过相关部门，履行相应手续。裘卫利用自己掌握的制裘手艺，交易获得了大片土地，使整个家族很快发迹，经过几代人的努力，囤积了大量财富。裘卫的后人，地位一代比一代高。到了周宣王、幽王之时，其地位显赫，富甲一方。

可惜西周末年，犬戎入侵，战乱频繁。周王朝的大批贵族从都城匆忙出逃，形势紧迫。青铜器重，不便携带，于是大量珍贵的青铜器被掩埋于地下。福祸相倚，恰是这等祸事，却给后人留下了宝贵的财富，让我们透过这些青铜器，去了解那个时代的文明。

068

五代·董源（传）《溪岸图》

美国大都会艺术博物馆藏

在中国绘画史上，有关古代绘画作品真伪问题的争论一直存在，许多重要的画作至今都没有达成过共识。我们这回要讲一幅画，这幅画充满争议，曾经引发 20 世纪末一场中西方学界的“国际大讨论”。这幅画就是现藏美国纽约大都会博物馆，传为五代董源的《溪岸图》（图 1）。所谓“传为”，是书画界的一个术语，就是相传是谁的画，不能百分之百确定。

《溪岸图》最初是在 1937 年被徐悲鸿发现的。据书画大师、鉴赏家谢稚柳先生回忆，当时这幅画的状态是“乌黑乌黑的”。因为过去屋子里都点油灯，还要做饭，时间一长，烟气就把这画熏黑了。我们今天看古画都是黑不溜秋的，其实它一开始没这么黑，都是后来受了污染才变黑的。

这“乌黑”，说好听了叫“包浆”。过去，老先生经常说：“这画包浆重了点儿。”就是说这画有点黑。“包浆”是软质或者类似软质的东西，经过长时间氧化，形成的一种所谓的“壳”，所以南方人也叫它“皮壳”。比如你可以说这幅画或者硬木家具上有“包浆”，但质地坚硬的，比如你说瓷器和玉器上有包浆，那就是外行了。

后来，这幅画送去裱画店“清洗”，一清洗，画面就变得“毛哈哈”的。古画“洗”的时候特别可怕，我见过。那老师傅先坐一壶开水，然后直接拿开水往画上浇！这水必须得热，不热的话，画上那脏洗不下来。第一次看洗画的时候就把我吓住了，我当时心想这画这么洗还拿得起来吗？洗过的画之所以会变得“毛哈哈”的，是因为洗画的时候颜料会有一点点晕散，

图1 五代 董源（传）《溪岸图》 美国大都会艺术博物馆藏

画面就会变得模糊一些。

到了 1938 年，张大千到广西桂林避战乱，当时徐悲鸿就住在那儿。张大千到徐悲鸿家里赏画，一见到《溪岸图》就惊叹不已。于是就和徐悲鸿商量，说我把你这画借回家欣赏欣赏。俗话说：好借好还，再借不难。可张大千这一借，就再也没提还的事儿。后来张大千从广西回四川，把画也随身带走了。借了人家的东西不还，也不给钱，就这么黑不提白不提的，先别说徐悲鸿怎么想，这事儿在张大千心里总是疙疙瘩瘩的，不舒服，觉得自己这么做事不太规矩。所以六年后，也就是 1944 年春，张大千派他的盟弟（结拜的弟弟）张目寒到重庆找到徐悲鸿，找各种借口说这画儿呀，实在拿不回来了，能不能用扬州八怪之首——清代书画家金农的《风雨归舟图》交换一下（图 2）。徐悲鸿见张大千如此喜爱，心想：算了，就这么着吧。与其拿不回来，还不如做个顺水人情。

从此，《溪岸图》就跟着张大千走南闯北，一直到 1950 年代，张大千去纽约办画展，《溪岸图》被著名的旅美书画鉴赏大家王季迁看到了。王季迁同样也是一见如故，喜欢得不得了，但人家不借，直接就用八大山人和石涛等名家的多幅明清书画把《溪岸图》给换了回来，算是平等交易。以前藏家们之间经常不动钱，行话叫五马换六羊。藏家们看到别人的东西，总觉得好，心里痒痒，但又缺钱买不起，怎么办呢？就互相交换。东西玩过一阵子看得就没那么紧，所以交换也是一个手段。

1957 年，谢稚柳在编辑出版的《唐五代宋元名迹》一书中，首次刊发了《溪岸图》的全貌，在说明文字中明确该画为“董源”风格，但没有提“真迹”或类似说法。从此，《溪岸图》陆续以董源的“真迹”或传为董源作品出版。

一般绘画认定是某一个人画的，比如“齐白石绘”，那就是齐白石画的；如果认定它是一种风格，比如这是“齐白石风格的绘画”，它就有可能是齐白石画的，还有可能是其他人代笔。

图2 清代 金农《风雨归舟图》 徐悲鸿纪念馆藏

这事儿一下子就过去了四十年。因为王季迁先生看东西特紧，轻易不撒手。1997 年春，美国纽约大都会博物馆董事、美籍华裔金融家、慈善家唐骝千出巨资 500 万美元，从王季迁手中购得包括《溪岸图》在内的十多件艺术作品，这些作品被珍藏在大都会博物馆。

很快，《纽约时报》在头版就发表了评论。美国的大报特别注重艺术报道，《纽约时报》把《溪岸图》称为“中国的蒙娜丽莎”。这是一山水画，那是一人物画，这个形容有点不大贴谱。大概外国记者认为那“毛哈哈”的感觉就像是充满神秘的“蒙娜丽莎”。

事已至此，被国内外名家竞相收藏的《溪岸图》近一百年的命运似乎尘埃落定。然而，接下来这幅《溪岸图》却将面临一场来自中西方学界的大讨论……

先来看一看《溪岸图》到底是一幅什么样的画作。

《溪岸图》是绢本设色。我们知道中国传统绘画，一种是绢本的，丝织品的，另一种是纸本的。这幅画纵长 2.21 米，横宽 1.1 米，1∶2 的比例，是很大的一幅画。相传原是清宫旧藏，后辗转为私藏。

画的左下角有个署款：“后苑副使臣董源画”。这幅山水画的前景是一片水域，紧邻水畔有一座小亭，小亭中有一位身着长袍的乌帽高士正凭栏而望，高士右侧，其妻抱子，二人之间伴有侍者。

画面的后景是重峦叠嶂，高大乔木随山岩的走向遒劲生长。画面的左侧岸边矗立着古树，亭后峭壁山崖飞出一条银瀑，飞瀑跌入水潭，与前景的水域连缀成片。细看，亭后右侧于山坳间隐匿着几处房屋，一个牧童骑着老牛沿水边小径从一户人家门前经过，小童正好奇地探身张望。这条水边小径可以一直通往远处的山谷，一路上，几位行色匆匆的旅人来不及欣赏沿路风景，全都躬身前行，步履不停（图 3）。

中国山水画有几个简单的构图，叫“远山近水”“一水二山”。还有

图 3 《溪岸图》（局部）

一个常规的比例，类似口诀，叫“丈山、尺树、寸马、豆人”，一丈的山，一尺的树，一寸的马，人就画成豆子那么大。这幅画就符合这个规律。

除了署款外，《溪岸图》上还有 19 枚收藏印。按照时间依次是：南宋晚期佞臣、大收藏家贾似道的“悦生”和“秋壑”2 枚私印；元代宫廷金石书画鉴赏家柯久思的“丹丘柯九思章”“柯氏敬仲”和“柯氏清玩”3 枚印；明代洪武年间内府收藏书画的“典礼纪察司印”半印；以及被认为是清人庄冋生的“天水郡收藏书画印记”。另外的那 12 枚印章，分别为张大千和他二哥张善孖的收藏章。

署款“后苑副使臣董源画”，点明了画的作者——董源。董源是五代南唐的杰出画家，字叔达，钟陵（今江西）人。南唐时，他曾任后苑副使，后苑副使就是一闲差，所以他又被称作“董后苑”。

董源工山水，早年学唐代大画家李思训，亦师从王维，擅画江南秋色山水远景。宋代书画家米芾在《画史》中给予董源很高的评价，他说：“董源平淡天真多……峰峦出没，云雾显晦，不装巧趣，皆得天真。岚色郁苍，枝干劲挺，咸有生意。溪桥渔浦，洲渚掩映，一片江南也。”

在唐朝灭亡的 907 年到宋朝建立的 960 年之间的动荡时期，许多表现大自然雄伟气势的画风正在慢慢形成。他们大多不取唐代山水画的鲜亮色彩，改用水墨晕染捕捉烟云变幻的视觉效果。他们的作品尺幅巨大，使观者沉浸于庄严的大自然之中。

当然，也有人对这幅中国的“蒙娜丽莎”提出了质疑。1997 年 8 月 11 日，美国《纽约客》杂志发表了专栏作家卡尔 · 尼根的文章《大都会博物馆刚刚获得中国的“蒙娜丽莎”，它是真迹吗？》。文中引用了加州伯克利大学艺术史教授高居翰关于《溪岸图》不是 10 世纪的作品，而是 20 世纪艺术家张大千的伪作的说法。这一说，一石激起千层浪。

一提到高居翰，了解中国艺术史的人对这个名字都不会陌生。高居翰是一位研究中国绘画史的资深美国学者，他长期担任加利福尼亚伯克利大学艺术史和研究生院的教授，同时也是美国华盛顿弗利尔美术馆中国书画部顾问。他的大部分著作都以风格分析为基础来研究中国绘画史，他的专著在西方学术界享有很高的声誉。

再说说《纽约客》这杂志。1920 年代，有三大杂志对美国社会造成巨大影响，它们是《读者文摘》《时代周刊》和《纽约客》。与《读者文摘》择文摘录和《时代周刊》报道世界新闻不同，《纽约客》更强调高端小众关注的文化艺术，它的受众多为上流社会公知阶层。

因此可以想象，《纽约客》上这篇援引自高居翰的艺评文章一经发布，就引发了轩然大波。此论一出，美、欧、中国大陆都有人附议，当然也有人反驳。鉴于学界各持不同的说法，美国大都会博物馆于 1999 年 12 月 11 日，在纽约举行了一次“中国画鉴定问题国际讨论会”，中心议题就是《溪岸图》。

应约与会和自动参会的是许多国家和地区的专家、学者。中国内地的与会人员有书画家、国学大师启功先生，著名建筑史学家、文物鉴定专家傅熹年先生，当时在北京故宫博物院主管绘画的杨新先生。

这一天，我正好在纽约，就凑热闹去了。说句实在话，中国人说话咱还不一定都听得懂呢，外国人说话那就更听不懂，好在我有个朋友在旁边有一搭没一搭地给我做翻译。

这个听证会有点像打擂台，一番唇枪舌剑肯定在所难免。认为此画是张大千作伪的主要都是海外学者，以美国的高居翰和著有《中国画论研究》的日本学者古原宏伸为代表；否定这种观点的，以时任大都会艺术博物馆亚洲部主任的方闻、主任助理何慕文和启功为代表。

高居翰在他的论文《对〈溪岸图〉的十四点质疑》中，通过对《溪岸图》的笔墨、构图、造型、署款、印章、流传等十四个方面进行分析，并将10世纪山水画与张大千的作品进行详细比较，指出此画的风格与10世纪山水画风格大相径庭，而与张大千晚期的作品十分相似。

他为什么怀疑这是张大千的伪作呢？因为张大千在民国时期大量作伪，据说他不用右手，单凭左手，随便都能临摹一百个人的书法。

对比高居翰举出的十四点质疑，我们的书画大家、鉴定大家、国学大师启功先生一看图片就断言，“《溪岸图》是张大千的仿作”为无稽之谈。面对对方提出的十四点质疑，启功老先生的一句“根本不值得讨论”就表明了他的态度。作为中国鉴定界的泰斗人物，我们不得不叹服启功先生惊人的眼力，但同时这种过强的主观意见，不能被听者所理解，所以在高居翰力证《溪岸图》是张大千伪作的发言后，在场给予了长时间的掌声，而对中国专家陈述的观点，现场常出现无人能懂的尴尬局面。

你会问，为啥咱们这么牛的鉴赏家不给他列出十四个点来回答呢？这就要说到中国传统的鉴定方法了，那就是“目鉴”，说白了就是用肉眼洞察，也称之为“望气”。这说起来有点儿玄。“望气”是你对一个事物总体所做出的迅速判断。我举个例子你就明白了，你到菜市场看一个菜农在地上堆着一堆菜，你远远地一看，就说他那菜不新鲜。你怎么知道不新鲜呢？这就叫“望气”，这堆菜给了你一个气息，就是不新鲜。再比如，你第一次去一家餐馆，刚一进门就说“这家不行，这餐馆的菜肯定做不好”。你还没吃呢，你怎么知道不好吃呢？这也是望气。周围环境的卫生、桌椅餐盘的摆设、服务员的没精打采……各个方面都给你提供了信息，使你在一秒钟之内就做出了一个快速的判断：这地儿好吃不了。说白了，过去的算命先生最会望气。好的算命先生还真不是张嘴就胡说八道，那不成的。他知道你的部分信息，来算命的人是悲是喜，都写在脸上了，您翘着嘴角过来的，肯定都是喜事儿。

对于书画鉴定来说，“望气”是体会一幅画作的气韵，所以这种“望气”对鉴定者的眼力有极大考验。鉴赏家对书画的笔墨、造型、图章、题跋、装裱等诸多项目有相应的认知力和判断力，抓住其中的几个重点，立刻就可以得出结论。

而西方学者通过对艺术史的学习，归纳形成了所谓的“形态学”分析法。这种方法借鉴了西方美术史的鉴定方法，他们通常认为笔墨不过是描绘题材的一种技巧，并不能作为鉴定的独立标准。他们更注重绘画风格的线条、形状、色彩、质地、留白、空间感等综合表现，听起来更偏重客观的理论分析。

这种偏重客观的分析法更适合西方绘画，不大适合中国绘画。我们都知道，中国绘画是以画家人格、文化修养为基础的“情绪”的表达，这和西方式的“分析”很不一样。所以中国绘画有一个西方人不懂的词，叫“笔墨”。什么叫“笔墨”呢？使用毛笔的人都知道，你自己写不了两个一模一样的字，这东西就叫“笔墨”。书画鉴定大家徐邦达老先生第一次出国看油画的时候，看了半天愣愣地说：“这画没有笔墨呀！”全场的人都听晕了，不知道该怎么回答老先生。所以，中西方绘画的基础是那么不同，鉴定起来也需要建立在不同的文化之上。

那中西方两种不同的鉴定方法论如何彼此承认和理解呢？恐怕就需要引入更为客观的科技手段了。

作为支持《溪岸图》为古代画作一方的代表，时任大都会博物馆亚洲部主任助理的何慕文，他也是今天大都会博物馆亚洲部主任，一位研究中国古代书画的美国人，给出了他的鉴定依据。在他的《对〈溪岸图〉与张大千两幅伪托作品的比较分析》中，对比了《茂林叠嶂图》《枇杷双猿图》等张大千数件伪托古人的作品与《溪岸图》的差别，通过对织物结构、染色工艺、保存状况、修补技巧、鉴藏印章的物理分析，指出《溪岸图》并非张大千伪作。

首先，他找到了两幅张大千的伪作作为标准器，然后对《溪岸图》进行了一次全方位的高科技检测。通过红外线扫描、X 光拍摄、数码影像等技术手段，确定《溪岸图》采用的是双拼绢，绢的经纬线粗细几乎一致的组织结构至少可追溯到北宋。绢丝色泽深暗，与做旧处理的其他图画吸色不均完全不同。

再有就是印章的问题。《溪岸图》上南宋到明的收藏印章与其他被定为真品的同时期印章呈现出相似的状态，且印泥泛白褪色，而张大千、张善孖的收藏章与作伪的印章性状相似。

此外，科技检测专家还利用数码影像照制作了《溪岸图》修补区域示意图，通过综合研究认为《溪岸图》经过三次修补重裱：首次装裱是在宋代，修补所用材料是借用原画中的绢，应是此画上端部分割裁的绢，从这个角度上讲，这张画原来更大；第二次重裱和镶补，推测是在 1946 年春，由张大千的御用装裱师刘绍侯修复，但所用的绢就不是原画中同一种绢了；第三次重裱是 1960 年代末，由日本的著名书画装裱师目黑三次完成，这

次重裱只是在整幅画的周边部分镶了些补丁，算是小修。

以上何慕文提供的证据虽不能确定《溪岸图》是董源作品，但可以证明它最晚是 13 世纪的作品，不可能是张大千的伪作。这一结果对高居翰十分不利。伴随着这场学术大讨论以及讨论后的发酵，高居翰等人的看法日渐式微，而认为《溪岸图》的确是一件中国早期山水画的看法得到越来越广泛的业界认可。

目前传董源的存世画作还有北京故宫博物院藏的《潇湘图》卷（图 4），辽宁省博物馆藏的《夏景山口待渡图》卷（图 5），上海博物馆藏的《夏山图》卷（图 6），台北故宫博物院藏的《龙宿郊民图》轴（图 7），日本黑川

图 4　五代　董源《潇湘图》　故宫博物院藏

古文化研究所藏的《寒林重汀图》轴（图 8）。由于这六件传董源作品的风格非常不同，学界对哪一件能反映董源的真面目尚无共识。

为什么会这样呢？我们换一种思路就能听懂。中国书画鉴定中的人名，你可以视其为一种“品牌”。在一个画家名下的作品应该统一某种风格，如果风格不统一，这个品牌就变得没有价值。比如，大家都熟知的张择端的《清明上河图》，存世张择端的画就这么一张，那这画是叫张择端，还是李泽端，还是王泽端画的，就变得不重要了（图 9）。但在中国传统书画文化中，它的观念又这么认为：一幅画必须要依附于一个画家存在。

如果你说这是一幅无款宋画，叫《清明上河图》，大家就会觉得这个

图 5 五代 董源《夏景山口待渡图》局部 辽宁省博物馆藏

图 6 五代 董源《夏山图》 上海博物馆藏

图7 五代 董源《龙宿郊民图》 台北故宫博物院藏

图 8 五代 董源《寒林重汀图》 日本黑川古文化研究所藏

图 9 北宋 张择端《清明上河图》（局部） 故宫博物院藏

价值差了一点儿。所以说，如果一个古代画家存世的作品过于稀少，这位画师又在历史上籍籍无名，那么客观地说，他存世的画就不能说明某种风格，显得意义过于单一。

这场争论过去了十七年，2017 年 3 月 2 日，美国纽约大都会艺术博物馆馆长兼 CEO 康柏堂宣布，唐骝千先生已将中国山水画传世名迹《溪岸图》捐赠大都会博物馆永久收藏。

正如大都会的官宣所言："大都会不断定《溪岸图》出于董源手笔，也不排除其手笔之可能。此画的重要性主要不在其与董源的关系，而更在其雄伟完整足为早期山水画的典范。"大都会博物馆的官宣说得多好啊！这画是不是董源的根本就不重要，不管这画是董源的，还是张三、李四、王二麻子的，只要这画到代就行了。

美国大都会的这一态度是非常明确的，至于它究竟是谁画的已经不重要了，重要的是《溪岸图》代表了宋元时期中国传统山水画的最高水准，有这一点就足够了。百年颠沛流离，一朝尘埃落定。

069

西晋·陆机《平复帖》

故宫博物院藏

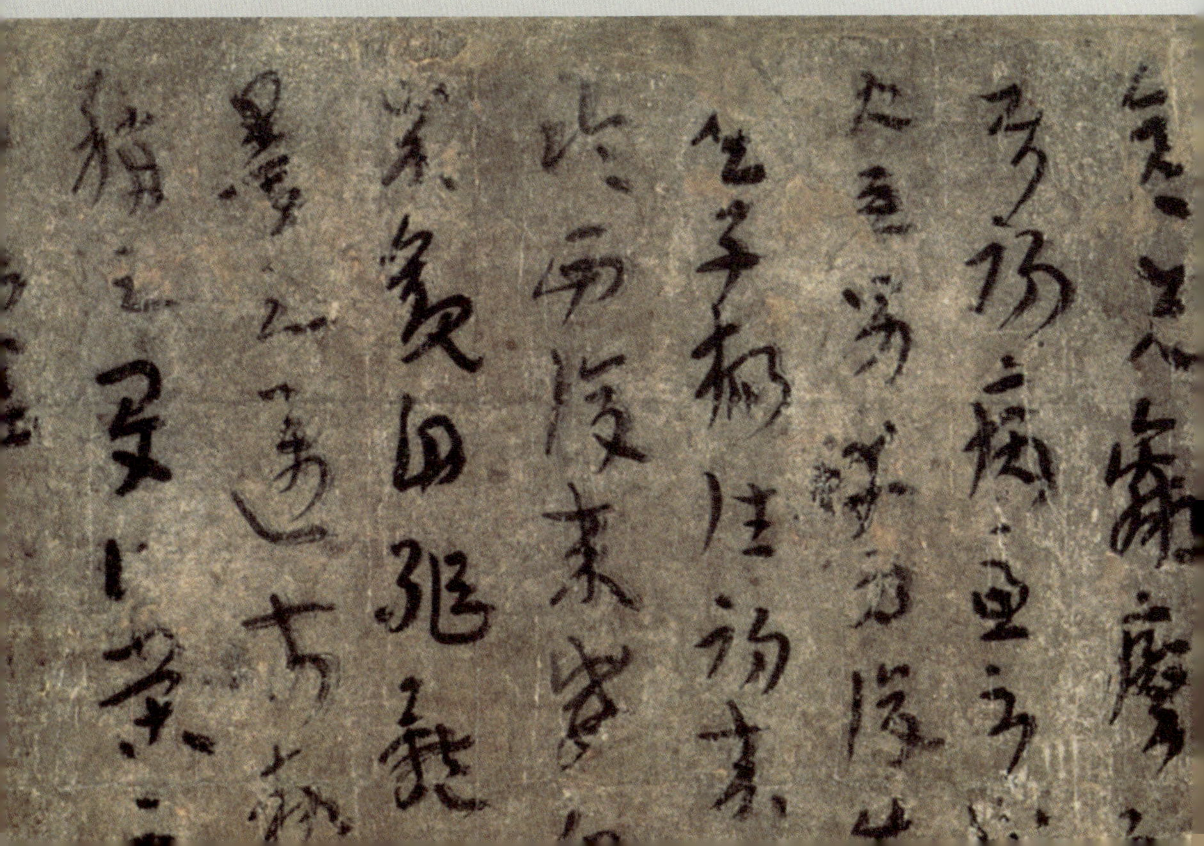

故宫博物院是我国收藏珍贵文物的最重要的艺术殿堂。去故宫参观，有几件国宝一定不能错过，这就是晋代陆机的《平复帖》（图 1）、隋代展子虔的《游春图》（图 2）、唐代大诗人杜牧的《张好好诗》（图 3）、李白的《上阳台帖》（图 4）以及范仲淹的《道服赞》（图 5）。这里面每一个拿出来都是国之重宝，而这些国宝的背后都与一个人有关，这个人就是张伯驹先生。

张伯驹先生是河南项城人。很多人知道项城是因为袁世凯，作为民国时期的重要人物，袁世凯可谓家喻户晓，人称"袁项城"。在历史上，凡是姓后头缀以地名的，这人一定特别牛。这类地名有两种，一种是这人的祖籍，另一种就是这人为官的地方。比如李鸿章，又称李合肥，这是祖籍；比如柳宗元，又称柳柳州，是他为官的地方；郭子仪，又称郭汾阳，是他的祖籍；韦应物，又称韦苏州，他在苏州当过刺史。袁世凯和张伯驹不仅同乡，还是亲戚。张伯驹的父亲张镇芳是袁世凯兄嫂的弟弟，所以袁世凯是张伯驹叔叔辈的人。

其实，张镇芳不是张伯驹的亲生父亲，是他的伯父。张镇芳与张伯驹的亲生父亲张锦芳是亲兄弟，张镇芳排行老五，张锦芳排行老六。光绪十八年（1892 年），张镇芳高中进士做了官，一路官运亨通，光绪二十八年（1902 年）又升为二品京堂。但人生不如意事常有，他的儿子和女儿先后夭折，眼瞅着年纪已近四十，生子无望，传宗接代的事，令他十分苦恼。

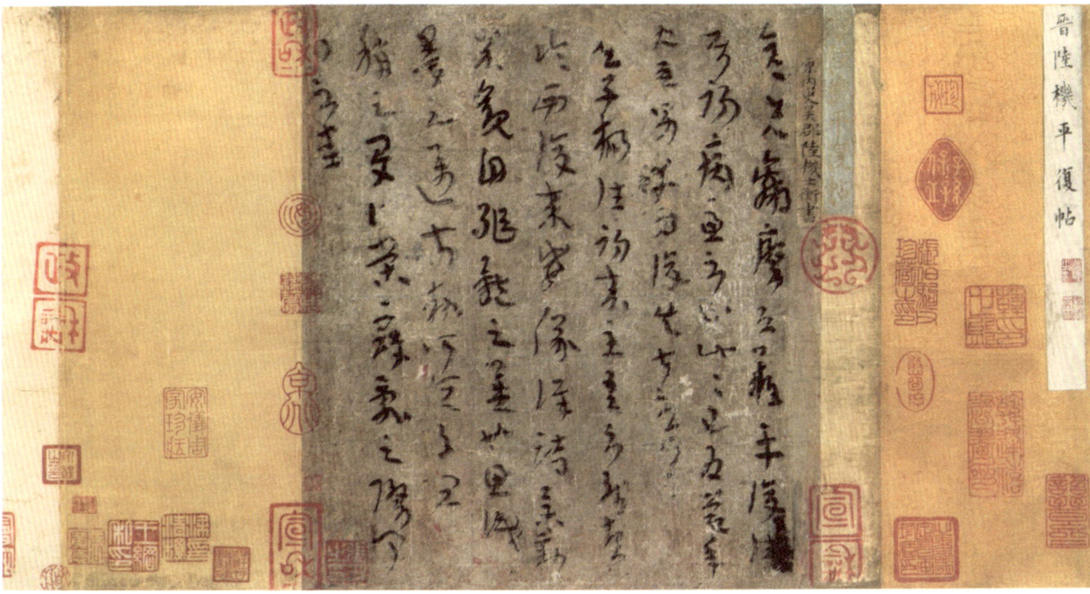

图 1 西晋 陆机《平复帖》 故宫博物院藏

在传统中国，有一条不成文的规矩：一个人若没有儿子，弟兄中儿子多的就该过继给他一个，为他传宗接代、养老送终，同时继承他的家业，可说是两全其美。当初袁世凯也是过继给了他的叔父——淮军名将袁保庆。后来袁世凯科举落第，是由于袁保庆的结拜兄弟——名将吴长庆的提携，他才得以施展才华。按照这个规矩，张锦芳将七岁的张伯驹过继给了张镇芳。从此，张伯驹成为张镇芳的儿子，远离家乡，随张镇芳在天津、北京、上海生活。

张镇芳对这个过继的儿子很是喜爱。当时科举考试刚刚废除，新式学堂匆匆兴起，张镇芳虽然大量捐款兴办新学，但对自己这儿子，仍愿沿用旧式的家塾教育，请名师为张伯驹启蒙。张伯驹也确实是个好苗子，七岁入私塾，九岁就能写诗。老先生书架上的书，只要他看过，放在第几行第几本，他都能记住。先生们都称他为“神童”。宣统三年（1911 年），张伯驹与袁世凯的几个儿子一起入天津新学书院，开始了学校生活。

氷鮮泥融生水瀾初葩穠豔未應殘夭桃噴火柳金嫩深谷鶯啼聽且看花
影淡梳燕粉媚春煖野郊風細細遊人醉以天為幕酩酊陰濃春意被行来
樹下賓相參瞑目無言心自憁黃蝶逐風翩上下賞花此處更停驂
洪武十年孟春觀于本天門寓和瑪子振韻

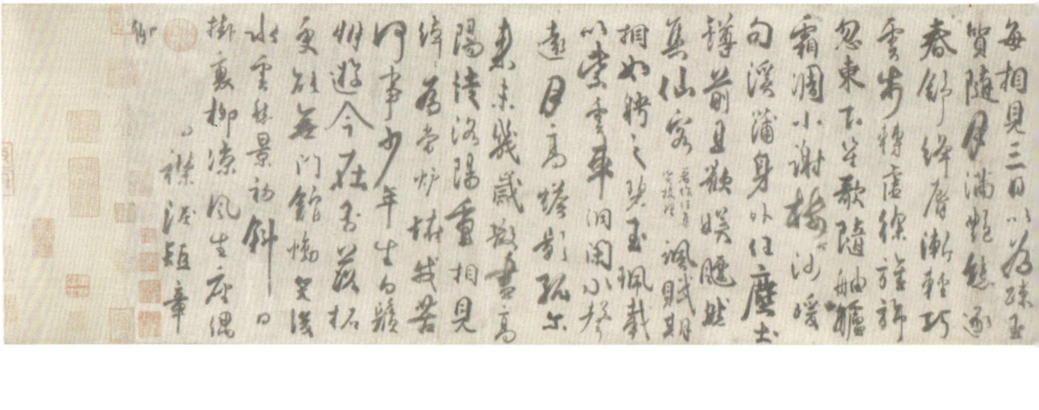

图 2 隋代 展子虔《游春图》 故宫博物院藏

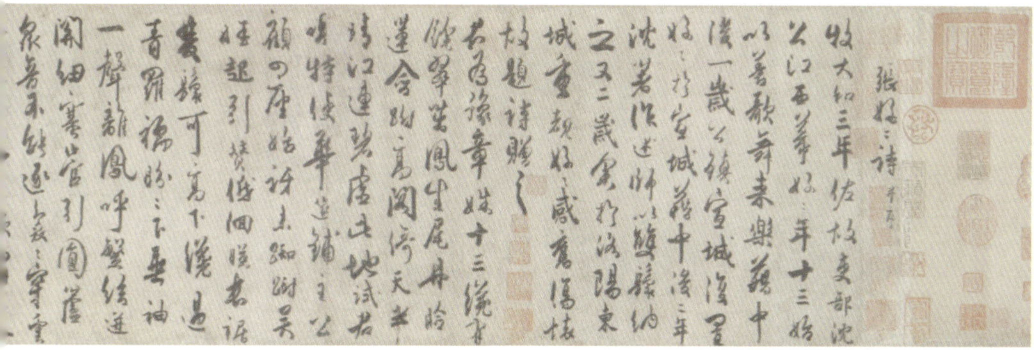

图 3 唐代 杜牧《张好好诗》 故宫博物院藏

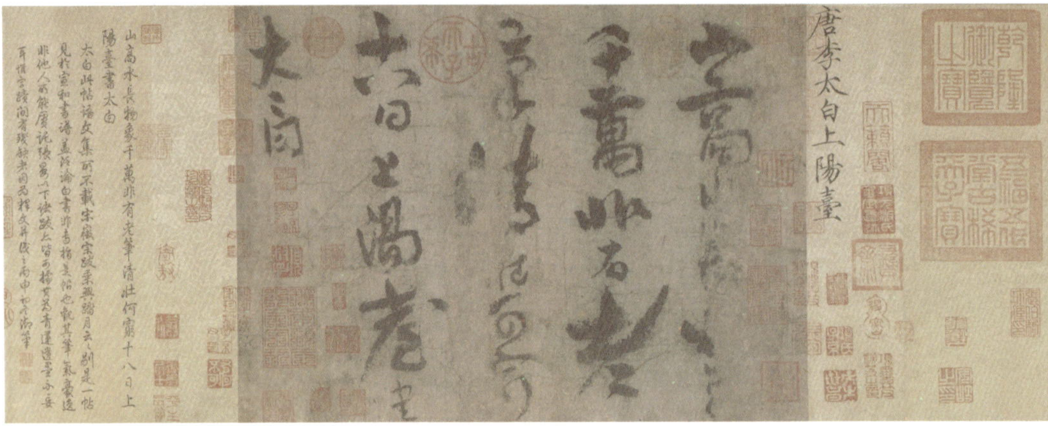

图 4 唐代 李白《上阳台帖》 故宫博物院藏

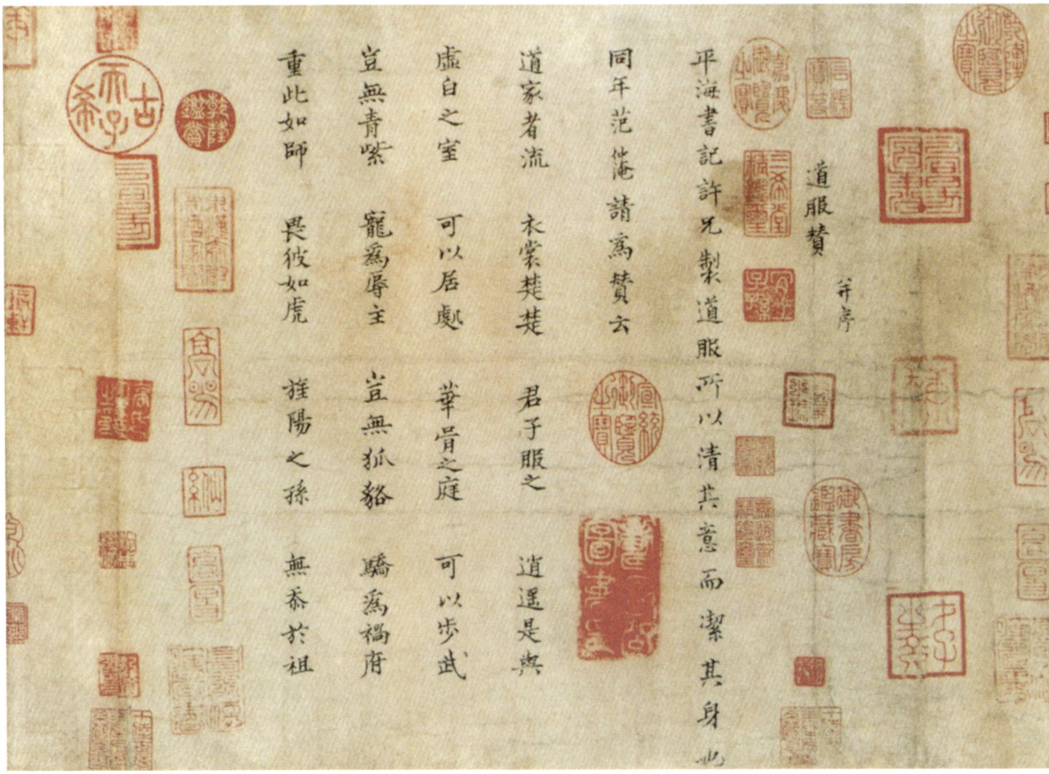

图 5 北宋 范仲淹《道服赞》 故宫博物院藏

张镇芳一生处于宦海之中，历经沉浮，积累了大量的人脉关系。按照他的愿望，张伯驹最大的可能是进入军界、政界，至少也是金融界。大家都觉得，以张伯驹的家族背景和他自身的才貌水准，将来无论是从商还是从政，前途都必将一片光明。但他偏偏对那些都没有兴趣，而是爱上了琴棋书画，爱上了文人雅士的情调，成为著名的“民国四公子”之一。其他三位是谁呢？张学良、袁克文、溥侗。

1915 年的春节，十八岁的张伯驹随父亲拜访袁世凯，袁世凯见张伯驹眉清目秀，没有一丝烟火气，非常喜欢，当即送给他很多礼物，有狐皮、紫羔皮袄、金丝猴皮的褥子、书籍、食品等等。

同年，张伯驹考入袁世凯建立的陆军混成模范团骑兵科，并由此进入军界，逐渐任了点小职务，后又在曹锟、吴佩孚、张作霖部任提调参议等职。然而，官场上的腐败气息和堕落作风令他实在无法忍受，他看不惯上层军官在洋人面前趋炎附势，对老百姓又蛮横欺压。1925 年，张伯驹不顾父母反对，脱下军装，一走了之。父亲不想他终日无所事事，安排他进了自己主管的盐业银行，担任常务董事兼总管理处的总稽核。

张伯驹也不喜欢经商，不过他运气不错。盐业银行早期“试水”艺术品质押业务，这与清宫珍藏休戚相关，那时有大量书画珍品被抵押在银行，盐业银行无疑是国内同业中涉足该项业务的开山鼻祖。张伯驹于是有机会经常接触书画，开始对这些有了很大的兴趣。

1927 年的一天，张伯驹在上班的路上，一时兴起，拐了个弯，进了琉璃厂的古玩字画店。突然，他在一家古玩字画店停了下来。他说：“请把这件墨品取下来，我看一下。”伙计就取下了写着“丛碧山房”的横幅。“这四个字写得真是苍劲飘逸啊。”张伯驹一边赞叹，一边看落款。这一看，他着实吃了一惊！

“没想到竟是康熙皇帝的御笔！”张伯驹没有犹豫，也没有讨价还价，

图 6 张伯驹在“丛碧山房”寓所花园

就把这件作品给买了。因为太喜欢这幅字了，他就将自家宅院命名为“丛碧山房”，后来，他把自己的号也改成了“丛碧”。这便是他收藏生涯的开端。这一年，张伯驹已满三十（图6）。

张伯驹这个人虽然家财万贯，却从不追逐世俗的奢华。他不抽烟、不喝酒、不赌博，长年一袭长衫。但他在收藏方面很大方，那时很多字画商人都喜欢和他打交道，因为开出的价，他从来不还。由于出手大方，张伯驹很快就在收藏界混得风生水起。母亲为此天天唉声叹气：“家里什么事情都不管，出去做官经商也不干，只知道花钱买字画。”

张伯驹为什么不还价呢？要知道，过去的古董商都比较规矩，你不还价他也在合理范围之内开价，都不会乱开。不像现在，你还价白还，拦腰给一刀，你也栽了，因为虚头的地方太大。过去越是行家之间，价钱越没有太多的伸缩。越是老字号，就越重视客户，不能伤着客人。

在张伯驹购买收藏的众多书画法帖中，他最得意的就是《平复帖》，其收藏过程复杂、艰难、曲折。

《平复帖》是西晋大文人陆机的真迹。历史上有一则“黄耳寄书”的典故，如果你不知道这个典故，那就来观复博物馆的门窗馆，在一组十二生肖隔扇门中，对应狗的典故正是“黄耳寄书”，而典故中写这书信的人正是陆机（图7）。陆机是西晋著名的文学家、书法家，为东吴名将陆逊之孙。据文献记载，陆机“少有奇才，文章冠世”。

《平复帖》距今已经一千七百年了，比王羲之的手迹还早七八十年，是中国已见最古老的法书瑰宝，被收藏界尊为“中华第一帖”，是现今传世墨迹中的“开山鼻祖”。

咱们都说“碑帖”，这“碑”和“帖”是两种东西，清代中晚期出现了“碑帖之争”。“碑”是先写了再刻在石头上，而“帖”是直接用墨写的。碑容易保存，多是石头的嘛，还能拓印更多张；而帖是纸的，只有孤本，其

图 7 清代 十二生肖隔扇门之“黄耳寄书” 观复博物馆藏

珍稀性可想而知。

《平复帖》全纸共 9 行，约 87 字，现存 84 字。字大五分许，墨色微绿，是陆机用秃笔写于麻纸之上。内容是写给友人的一个信札，是传世文人手札中最早的一件。首行即写“彦先羸瘵，恐难平复”，故名《平复帖》。其字体为草隶书，它介于章草与今草之间。在章草到今草的长期转变过程中，唯有这篇墨迹作为实物见证存世流传至今，它对研究文字和书法变迁具有极其重要的价值。虽然它长不足一尺，却盖满了历代名家的收藏章记，朱印累累，满纸生辉，后人称赞“其用墨确实是神乎其技，冠绝古今”。

经张伯驹先生详尽考证，《平复帖》流传有绪，历经西晋、东晋、南北朝、隋、唐、五代、宋、元、明、清和民国，每一时期收藏于何人之手几乎都有确凿证据，卷上钤的各朝代 71 方印记犹如一部收藏简史，殊为难得，弥足珍贵。

最早的一方印记钤自唐末鉴赏家殷浩。《平复帖》从殷浩手中流出后，在宋初的大收藏家王溥家中保存了三代。后来，根据米芾的《书史》记载，王溥的孙子王贻永将此帖出售给驸马都尉李玮。此后，从李玮手中传入宋御府，成为酷爱法书名画的宋徽宗赵佶的收藏。宋徽宗得此帖大喜，用泥金在前隔水黄绢上题签“晋陆机平复帖”瘦金书体，并在上面留有“宣和”“政和”、双龙玺印。《平复帖》也在《宣和书谱》中做了记载。

宋末元初前后，《平复帖》又流回民间。《四库全书》的《书画记》记述了元代几位观赏此帖并在帖上题款者。但据记载，这件国宝在明代末年被古董商把元朝人的题跋和观款割去，配在了赝品《勘马图》后面。这类作伪在过去常见，用心险恶。所以这些珍贵的题跋和观款现在已经找不到了。

到了明代万历年间，《平复帖》辗转到了大收藏家韩世能手中，在此期间经过若干名家的鉴定，包括董其昌还写了一段跋文。韩世能死后，此帖传给了儿子韩逢禧。1628 年，明代大鉴藏家张丑从韩逢禧手中将《平复帖》买下，并为自己取了个室名叫“真晋斋”，意为室有真正的晋人墨迹。

1644 年明朝亡，张丑于这一年去世，《平复帖》流入他人之手。清代顺治之后，该帖先后又归几人所有。后来又转到了大收藏家梁清标手中。梁清标是明代崇祯年间的进士，获此千年古帖，喜不自禁，在帖上先后钤了八方收藏印。清初的另一位大鉴藏家安岐也曾收藏《平复帖》，看到梁清标盖了八方印，他觉得怎么也要盖得比他多，于是他钤盖了九方收藏印。

安岐是《平复帖》于清代流回皇宫之前的最后一位民间收藏家。乾隆年间《平复帖》回到了大内，被乾隆皇帝的母亲崇庆皇太后所收藏。崇庆皇太后去世后，《平复帖》作为“遗赐”被嘉庆皇帝赏给成亲王永瑆。从这时起，《平复帖》就到了成亲王府，永瑆为自己起了个室名叫“诒晋斋”，又在卷上钤了八方收藏印。后来就传到了他的第五世孙载治。

1880 年载治去世，那时他的两个儿子——溥伦和溥侗才只有几岁，清廷让恭亲王奕䜣先代管成亲王府的事务。奕䜣知道《平复帖》是国之重宝，便托言溥伦、溥侗还年幼，为慎重起见，这件东西携至恭亲王府代为保管。从此，《平复帖》便到了恭亲王府，被恭亲王奕䜣收藏。奕䜣去世后，小恭亲王溥伟便顺理成章继承了《平复帖》。

1911 年民国革命以后，清室不存。溥伟看大势已去，为了变现，把恭亲王府除书画之外的全部珍藏，一千多件历代玉器、瓷器、青铜器，全部卖给了日本的山中商会，但将《平复帖》等诸多字画留给了二弟溥儒，也就是溥心畬。溥儒从此以“西山逸士”自号，纵情书画。

张伯驹最早是 1934 年在湖北的一次赈灾书画会上见到《平复帖》的，当时已归溥儒所有。1936 年底，溥伟去世，早已坐吃山空的溥儒为了给大哥办丧事，打算将手上重要的藏品名作出售，便将唐代大画家韩幹的《照夜白图》以一万块大洋卖给了上海古董商叶叔重。

叶叔重是大古董商卢芹斋在中国的代理商，之前讲过卢芹斋。当时正在上海打理盐业银行业务的张伯驹听到这个消息后，给平津卫戍司令兼北平市长宋哲元发了封电报，希望宋哲元阻止叶叔重转卖给外国人，以免国宝外流。

图 8 唐代 韩幹《照夜白图》 美国大都会艺术博物馆藏

可惜这封电报没能起啥作用，《照夜白图》被叶叔重买走并迅速转手给英国人戴维德，最终于 1977 年被美国大都会博物馆永久收藏（图 8）。

为了阻止溥儒再把手上的宝贝卖给古董商，张伯驹在 1936 年底便找到了北平琉璃厂悦古斋的少掌柜韩博文，这韩博文在《堪舆万国全图》那一回讲过，他十六岁的时候在地摊上慧眼识珠买下了这件中国最早的世界地图。张伯驹找到韩博文就托他转达，希望溥儒出让手上的《平复帖》，如果不愿意出手也没关系，需要用钱的时候，可以将《平复帖》抵押给盐业银行。过了几天，韩博文转告溥儒的回复："心畬（溥儒）现在不需要钱，如让的话，价二十万元。"这二十万元可是大洋，实在是个天价。

一年后，在"上海文献展览会"上，张伯驹遇到了马上要去北平的张大千，他托张大千与溥儒继续协商，表示自己愿意出六万大洋收购《平复帖》。

张大千与溥心畬的交往极深，有"南张北溥"之说。"南张"就是张大千，"北溥"就是溥心畬。但溥心畬与张大千的这层关系同样没能帮助张伯驹收藏到《平复帖》，张大千后来回复张伯驹，说溥心畬依然开价二十万大洋。二十万大洋是个什么概念呢？当时是 1936 年，十五年前，也就是 1921 年，溥儒的哥哥溥伟为了筹措资金，把恭王府抵押出去的价格也就是八万大洋。可见溥心畬对《平复帖》的开价之高，实在有点离谱。

第二年，卢沟桥事变爆发。这一年年底，张伯驹从天津回北平过年，在火车上碰到了民国前教育总长、大藏家傅增湘（图 9）。傅增湘告诉张伯驹，说溥心畬的母亲刚刚去世，正在筹钱为母亲办丧事，准备出售《平复帖》。

溥心畬十四岁丧父，与母亲项氏相依为命，可谓母子情深。当时虽然北平沦陷，社会秩序混乱，但以他的孝顺，母亲的丧事必须办得有排场，得体面。他需要出让《平复帖》换钱用。

张伯驹听完这事儿后并没有心中大喜，他表示并不想乘人之危，可以

图 9 傅增湘先生

将《平复帖》抵押在他那里，他先借给溥儒一万元办丧事。回到北平的第二天，傅增湘就给张伯驹回话说，这事倒简单了，心畬要价四万元买断，不用抵押。张伯驹立即先付了两万元，请傅增湘送去，其余两万元分两个月付清。

这时，北平有一文物掮客叫白坚甫，他获悉溥心畬要为母办丧事急需用钱的消息，想把《平复帖》再转卖给日本人，一口答应付款二十万元。古董行有两类人，一类是古董商，做买卖；一类就是这掮客，他不买东西，只是替人撮合，从中赚取佣金。可惜他晚了一步，此帖已被张伯驹买断了。白坚甫旋即又找到张伯驹相商，张伯驹对他说："黄金易得，绝品难求。"拒绝了白坚甫的要求。这一国宝终为张伯驹所收藏。后来，张伯驹在介绍自己收藏《平复帖》经过的文章中写道："在昔欲阻《照夜白图》出国而

图 10 张伯驹的夫人潘素

未能，此则终了夙愿，亦吾生之一大事。”

在民国动乱年代，生逢乱世，收藏文物不易，保护文物则更难。张伯驹因为重金收藏《平复帖》等名作曾遭绑架，并险些丧命。但他对夫人潘素说，“宁死魔窟，不卖家藏”，最后由潘素凑齐金条才恢复了自由身。潘素说：“在伯驹眼里，这些字画的价值，远超过自己的生命。”（图 10）

我曾说过，喜欢文物的人永远缺钱。收藏一直以来都是很费钱的，尤其顶级书画都是按黄金计算的。过去有这样一句话可以形容收藏家，叫“富可敌国、贫无立锥”，说的就是收藏家的一般境地。

1956 年 7 月，视书画重于性命的张伯驹，竟将八件顶级的书画捐献给了故宫，这其中就包括陆机的《平复帖》、展子虔的《游春图》、杜牧的《张好好诗》等。无偿捐献后，政府欲奖励他二十万元，但张伯驹婉言相拒，分文未取。张伯驹后来又将余下所藏书画，分批捐献给了故宫博物院和吉林省博物馆。

张伯驹先生说过这样一句话：“予所收藏，不必终予身、为予有，但使永存吾土，世传有绪。”——我的收藏，不必跟我一生，也不必都为我所拥有，只要能使它们永远地留在我们的国土，传承有序就够了。这是张伯驹先生一生遵循的信念。如今张伯驹先生已经作古，让我们在此怀念他，致以敬意。

070

北宋 · 李公麟《五马图》

日本东京国立博物馆藏

扫码听我讲
国宝故事

中国古代有很多国宝级的绘画，莫名其妙地就失踪了。

为什么会失踪呢？一是因为历史上社会比较动荡，朝代更迭频繁。唐、宋时期是中国绘画的第一个高峰期，出现了很多极好的作品。这之后，宋辽金、元明清，乃至民国，每次交替都会给社会带来动荡，很多画就这么消失了。

还有一个就是我们中国人的收藏观。历史上，我们的收藏家特别愿意在书画上盖一个小章，叫“秘藏”“秘玩”，秘不示人。秘不示人是中国人的一个收藏观念，所以中国人办博物馆就比外国人晚。秘不示人的传统很容易导致藏品莫名其妙就丢失了。

绘画和其他文物有所不同，任意人获得它时，都可以在上面增加内容，像瓷器、青铜器就没那么容易。所以，绘画上经常可以看见有人在拖尾这

个位置上作跋，或在上面钤盖印章，表明经过我手。那这东西呢，历史上就有了记载。比如这回要讲的这幅画就是这样。它历史上传承有序，历代著录清晰可信，从北宋、南宋、元明，到康熙、乾隆，一路下来，都有记录。它最后一个身影的闪现，是在我们的邻国日本，这是有记录的，然后就神秘地失踪了。没想到，过了八十多年，它竟然又出现了！

这到底是一幅什么画呢？它就是这回要介绍的国宝——北宋画家李公麟创作的水墨白描画《五马图》卷（图 1）。

《五马图》画的是北宋哲宗元祐年间西域进贡的五匹马。画卷共分五段，每段都画一人牵一马，装裱成手卷。

《五马图》里画的五匹贡马都是从西域来的，它们分别叫作“凤头骢”“锦膊骢”“好头赤”“照夜白”“满川花”。名字都还保留了唐风，一听就不是宋朝人起的。比如说“好头赤”，昭陵六骏里有“什伐赤”；这儿是“照夜白”“满川花”，唐代有“白蹄乌”和“拳毛騧”。宋朝人虽然不推崇唐代的张扬，但对唐代的马还是充满了敬意的。这五匹西域贡马都属于北宋的皇家马厩——左骐骥院和左天驷监。每匹骏马都由一名圉人牵着，前三人都是胡人打扮，后两人是汉人。

《五马图》明显和《职贡图》是一类，起着记录的作用（图 2）。《职

图 1 北宋 李公麟《五马图》 日本东京国立博物馆藏
从右至左五马分别为：“凤头骢”“锦膊骢”“好头赤”“照夜白”“满川花”

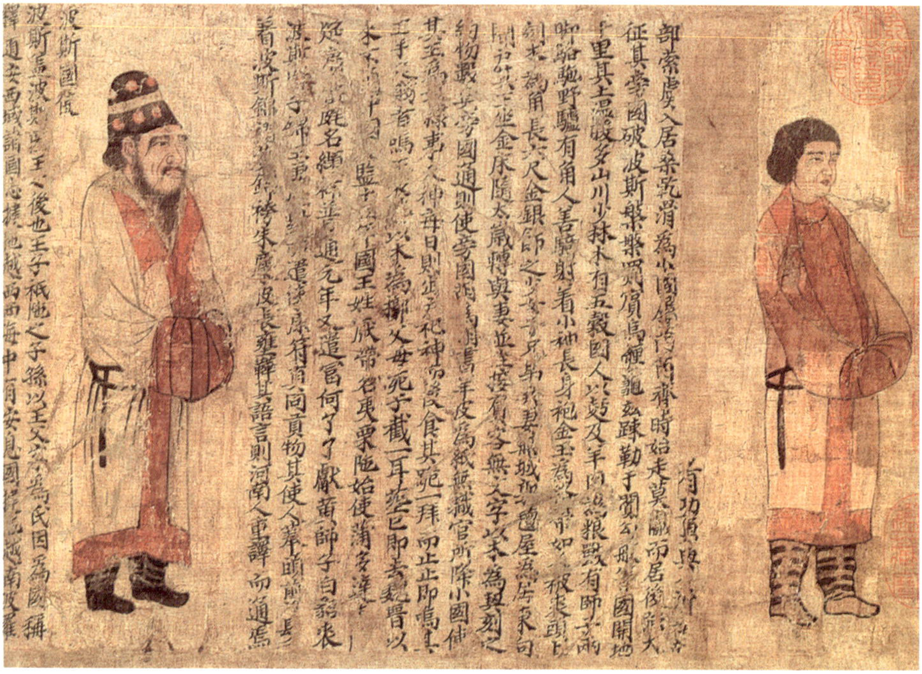

图2 北宋 《职贡图》（局部） 中国国家博物馆藏

贡图》的出现，是因为古代没有其他的图像记录方法，就用绘画客观地记录下历史情况。比如在历代的《职贡图》里，能找到直接描绘的各方来朝使节的样貌和衣着，也能看到表现壮观的朝贡队伍和奇珍异宝。《五马图》就是记录了西域良马和养马人的客观静态描写，没有更多的艺术铺垫。这些都是李公麟在京城做官时，在骐骥院写生的珍贵手迹。

先来说说李公麟。

李公麟是北宋中后期的人，字伯时，号龙眠居士，安徽舒城人。他的父亲李虚一喜好丹青，有不少古代画迹收藏。李公麟自幼受家庭熏陶，耳濡目染，以绘画为乐。他最初临一些大家的作品，出手就不一样。像顾恺之、陆探微、韦偃、韩幹这些人的，他临了不少，练就了一手让人称绝的白描功力。他有敏锐的观察力和独到的线条表现，得了一个“白描圣手”的称号。

这《五马图》为什么重要呢？就因为它是白描的。“白描”是指中国画里纯用墨线勾勒、不加颜色渲染的方法。那白描和素描有什么区别呢？中国人过去没有素描的概念，只有白描。在以前，中国画的画家，比较的都是线条，线条就是白描的基础。一条线画下来，线的准确性决定了画的水平。素描起源于西方，是表现光影的，这对中国人来说，不重要。所以，中国画和西洋画最典型的区别就是——线。

早年我听说过这么一个故事。清末民初的时候，线条好的画家中，南方就属张大千，北方是徐操徐燕孙。两个人谁都不服气，就说那咱比着画线呗。画线画什么呢？就画一个圆，用毛笔画，没有圆规，粗细都得一样。两人拿着毛笔、宣纸，画得都特好，分不出高低。一人画下去，一笔就是一个圆。那怎么办呢？俩人接着打赌。那时候北京刚刚有公共汽车，他俩说那咱们就去车上画。比赛画圆这个故事，强调了线条在中国画里的重要性。中国画的精神就是这线，如果想当传统的中国画画家，您这线不行，那就全完了。

之前我们也讲过几件跟马有关的文物——昭陵六骏、铜奔马、纯金马，这些或多或少都是靠立体的工艺来表现马，比较能够直观地看出马的俊美。这回讲的《五马图》则完全是靠线条表现，是纯艺术的创作，这就是李公麟的厉害之处。他只用线条勾勒轮廓，看似寥寥几笔，实则生动传神，画得栩栩如生。画里的马和人，从形态到神情，从毛发到眼神，线条精妙，手法精炼到位，特别地传神。比如，你看他画的这几匹马，背上的那一笔起伏，凸凹有致，笔力稳健，一笔就把马背上发达的肌肉给画出来了。这条曲线，你看着简单，但你就是画不出来。李公麟画的《五马图》，就算是中国绘画中白描成就最高的作品了。

李公麟一度对画马达到痴迷的程度。我总说，一个人要想在一个领域里有所成就，一定要有一个痴迷的阶段，不然就不行。李公麟就在画马这件事上，特别地钻研。凡是有马活动的地方，他就经常去写生。不论是像

图 3 北宋 李公麟《临韦偃牧放图》（局部） 故宫博物院藏

《五马图》中养在皇家马厩的这些宝马良驹，还是散见在乡间的马匹，都是他观察的对象。比如，李公麟的另一幅画——《临韦偃牧放图》，画的就是马群自由奔腾的场景（图 3）。这幅画构图庞大，一共画了 1200 多匹马，还出现了 140 多个人，真可谓“洋洋大观”。每匹马的线条挺拔有力，充满了生命力。你光看看都激动。

苏轼曾有诗句评价李公麟画马的功力，他说：“龙眠胸中有千驷，不惟画肉兼画骨。”苏东坡用了一个“画骨”，就说出了李公麟画马出神入化的境界。

为什么是出神入化呢？最神奇的故事就要数“画杀满川花”了。

根据南宋人周密的《云烟过眼录》记载，满川花是在宋哲宗元祐三年（1088 年）正月上元时节，西域进献北宋朝廷的。结合它周身花斑的特点，这匹马应该是从盛产花马的于阗来的。于阗在今天新疆和田的东面。

满川花这马呢，当年皇上特喜欢，李公麟也特认真地画。可是他刚画完，这马就死了！这事儿宋代的曾纡在他给《五马图》作的跋文里写得很清楚。曾纡记载说，他是听黄庭坚说的（图 4）。

跋文里是这么记载的：“异哉！伯时貌天厩满川花，放笔而马殂矣。

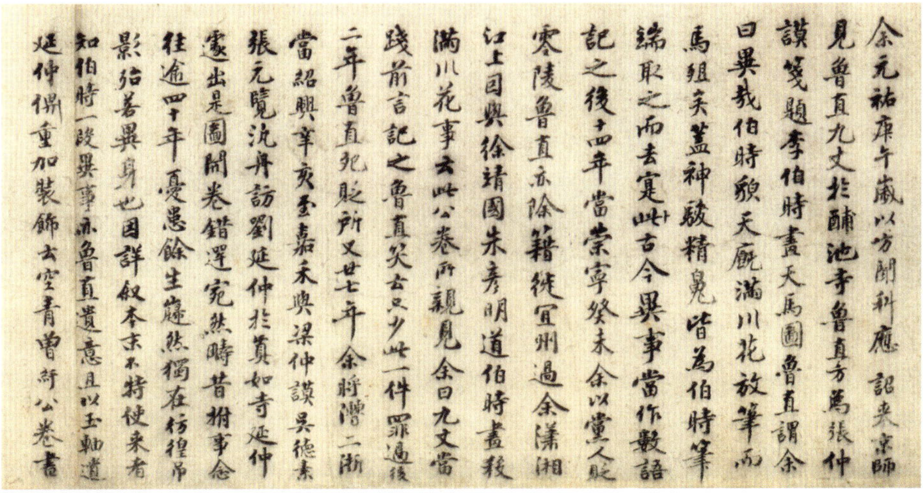

图 4 卷尾曾纡题跋

盖神骏精魄皆为伯时笔端取之而去，实古今异事，当作数语记之。”黄庭坚曾对曾纡说，李公麟画完满川花，就在放笔的时候，这马就死了，可能是李公麟的画笔夺去了满川花的精神魂魄。

曾纡听黄庭坚念叨过这个事儿，而且黄庭坚认为这事儿值得记载，但他自己又一直没动笔。后来，当曾纡再次见到《五马图》时，睹物思人，终于把这件事写在了跋里。这段史实还是很真实的，因为他们都是同一时期的人。

黄庭坚的这说法特有意思。他这么一说，其实是解了李公麟的大围。你想啊，李公麟就是一个画家，奉命给皇上画他最喜爱的马。结果一画完，这马“嘎嘣”就死了！遇上这事儿，他心里肯定别扭啊。结果呢，黄庭坚不愧为大家，他不仅把这事儿给遮过去了，还给提高了一个等级——由一个故事，变成了一个传奇。

后来这传奇就越传越神。在宋徽宗敕编的《宣和画谱》中提到，骐骥院养马的人恳请李公麟，您千万不要在这里画马了。您这一画马，我这马的精魄就被夺走了。马死了，皇上怪罪，我们这帮人可担待不起！这事儿

图 5 唐代 韩幹《牧马图》
台北故宫博物院藏

也就成千古传奇了。你看这画多牛，连围着它、跟它相关的人都特牛，有苏东坡、黄庭坚、曾纡，甚至还有宋徽宗。

“画杀满川花”这样的奇事，画史上只此一例。历史上，唐代韩幹也善于画马，但也只是把“死的”画成“活的”，给画的内容赋予生命；跟“神笔马良”似的，把画画活了（图 5）。但是，“画杀满川花”的传奇呢，前无古人后无来者。所以说，李公麟的《五马图》不仅是个传奇，还是个异事。

古人把自然界中比较少发生的现象、生活中不常见的事情，都赋予了一种另类的传说，做了或凶或吉的解释，也就是我们现在说的“灵异”事件。《五马图》就是中国画史上的第一“灵异”事件。

《五马图》之所以成为举世公认的国宝，除了它本身画得出神入化，还与它传承有序的经历有直接关系。这也是《五马图》被公认为是李公麟最可信传世真迹的原因。我们按顺序来看这幅画都有谁经手过。

第一个，就得说黄庭坚（图 6）。黄庭坚基本上是跟李公麟同生同死的人，他早李公麟四年出生，又早他一年去世。他是北宋大文学家，与苏东坡齐名，人称“苏黄”。黄庭坚的书法造诣独树一帜，又与苏东坡、米芾、蔡京并列“宋四家”，代表了宋代书法的最高成就。

黄庭坚在元祐五年（1090 年）为《五马图》题笺，每一匹马后面都有。

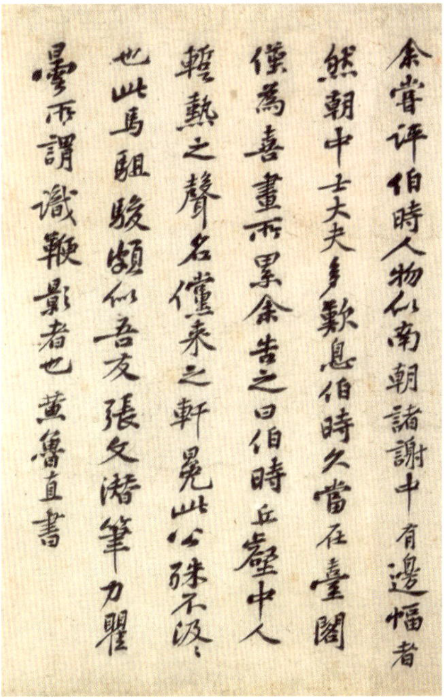

图 6 黄庭坚题跋

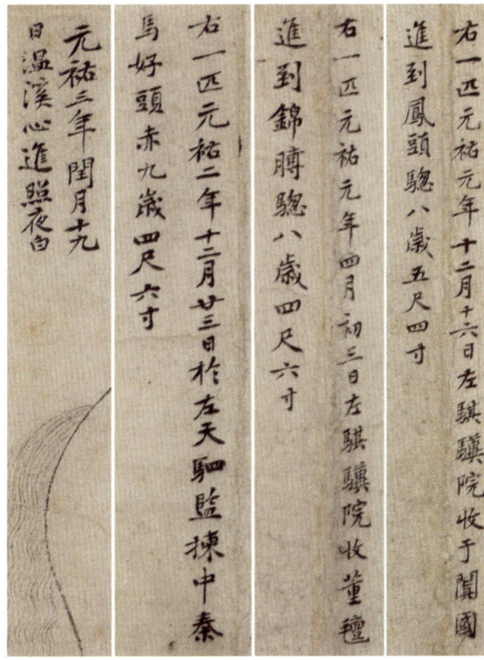

图 7 黄庭坚前四匹马旁题记

他简明扼要地记录了马的来历。比如关于第一匹马“凤头骢”，他写道：“右一匹，元祐元年十二月十六日，左骐骥院收于阗国进到凤头骢，八岁五尺四寸。”后面的每一匹马，他都是按这个格式交代的。就是最简洁的一种，和写签儿似的，没有任何情感，把时间、地点、谁送来的、年龄、尺寸、体态都做个交代（图 7）。

别看他记录得这么简单，幸亏有这些题笺，才给后来人研究《五马图》提供了一笔最初依据。黄庭坚的题笺是非常可信的，因为他与李公麟是至交，又年龄相仿，沟通非常容易。他们的交情在李公麟创作的《西园雅集图》中可以看到，米芾的文章也有描述。黄庭坚的题笺也显得《五马图》珍贵，但我们现在看到的《五马图》，只有四匹马保存着这个题笺，满川花的佚失了。

下一个要说的人，就是前面提到的曾纡。曾纡比他们小一代人，他曾和黄庭坚一起赏过《五马图》。他们谈论“画杀满川花”这桩奇闻逸事时，李公麟还在世。四十多年后，当他再看到《五马图》时，物是人非，此时宋朝北方的江山已经易主。他感慨世事变迁，也感慨人生流离，这些都被他写在了《五马图》的跋里。从某种意义上讲，他也是替黄庭坚完成了记录这件异事的遗愿。

这之后进入南宋，《五马图》归内府收藏。南宋的周密，是著名词人也是笔记大家。细算下来，周密比李公麟、黄庭坚小将近两百岁。我们现在说宋，有时候都不分南北，就只说宋朝。但是，宋朝人特别愿意分南北，因为这事情完全不同。

周密看了《五马图》，自然也见过黄庭坚的题笺。所以，在他创作的《云烟过眼录》里，详细地记载了每一匹马的题笺内容。这就包括后来佚失不

图 8 “柯九思”印

图 9 “柯氏秘笈”印

图 10 “张霆发印”印

图 11 “宋荦审定”印

图 12 “商丘宋荦审定真迹”印

见的满川花题笺，留下了关于满川花宝贵的一笔。幸亏周密当时又写了一遍，就把这事儿记下来了。你看这两百年来，《五马图》的题笺到了南宋都还留着呢。

再后来，就可以看印章了。比如，元代书画家、大收藏家柯九思的印章“柯九思”（图 8）和“柯氏秘笈”（图 9）都在。柯九思又和周密差了半个多世纪。再到明代，张霆发的“张霆发印”（图 10）。后来到清初，才子宋荦收藏，也能找到他的印。这宋荦和柯九思差了有三百多年，距离李公麟、黄庭坚的年代已将近六百年。六个世纪过去了，这时候，他往上盖了两个章，一个是“宋荦审定”（图 11），一个是“商丘宋荦审定真迹”（图 12）。他认为这东西必真无疑。

到了清乾隆时期，《五马图》入大内。乾隆皇帝特别喜欢这些古画，

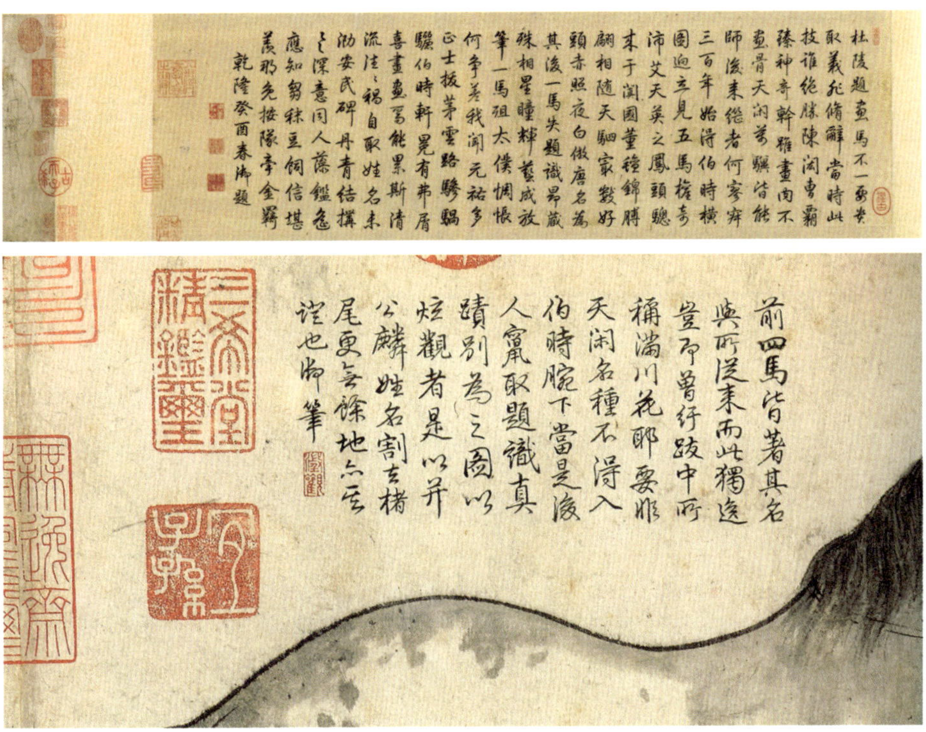

图 13 乾隆题跋

当时又正值盛世，闲暇时广征这种国宝级的名画，各地就把一些画通过各种途径进献上来。这《五马图》就这时候进了清宫。

皇上他看了这图多少遍我们不知道，但是能看到乾隆为这图“御题”三次的记载，现存两处（图 13）。乾隆为《五马图》共钤有十二枚印。我们常说的“乾隆五玺”也都在，有“乾隆御览之宝”“石渠宝笈”“三希堂精鉴玺”“乾隆鉴赏”“宜子孙”。再有，比如“古稀天子”“乐寿堂鉴藏宝”这两枚，说明乾隆晚年一定也拿出来看过。而且，还将《五马图》及其内容著录在《石渠宝笈》里，可见乾隆对《五马图》的欣赏。

乾隆是个很认真的人。他在满川花这幅画上写了御题，说前四匹马都有名，就这个没了；没的这个应该就是曾纡跋中所说的满川花。这可以证明，乾隆以前，《五马图》就曾遭到过损坏，黄庭坚的五处题笺少了一处。我猜这个时间大概就是元明之际，到底是什么时候呢？谁也不清楚。但这种损毁并不是很严重。

按说，《五马图》入了清宫以后就算踏实了。可谁知道，乾隆朝过去一百多年以后，大清朝玩儿完了。直到溥仪出宫，他前后以赏赐等名义将大量清宫旧藏的珍贵文物送出了宫，《五马图》就是其中一件。民国初年的时候，社会极其动荡。大概就在这个时候，《五马图》经溥仪的老师陈宝琛之手，通过其外甥刘骧业带到日本，把这画卖了（图 14）。至于这画

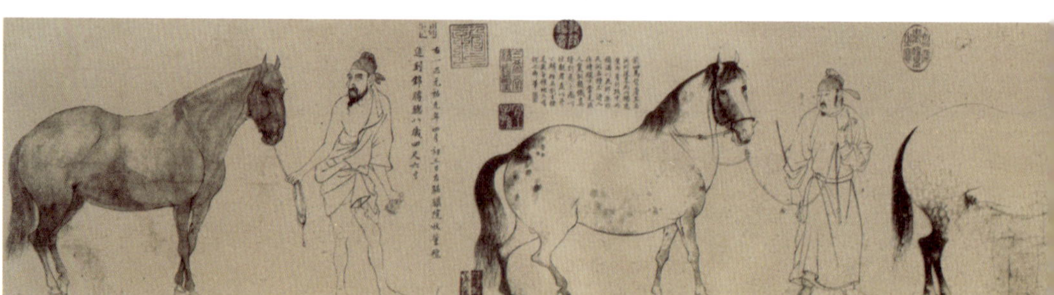

图 14 溥仪和他的老师陈宝琛（右）、朱益藩（左）在御花园养性斋门前

是怎么到陈宝琛手上的，社会上说法特多。总之，就在 1930 年的夏天，这张画被卖给了日本实业家末延道成。《五马图》在中国有序传承千年以后，一下子就变成了日本末延家族的收藏了。

这画到了日本以后，中日之间就爆发了战争。从 1930 年代到现在，九十年的时间里，这画儿一点音讯都没有。社会上一直流传，这画已毁于战火。

后来，我们唯一能看到的《五马图》图像，就是珂罗版的印刷（图 15）。中国的印刷技术最初是木版印，年画基本都是这么印的。清代又出现了石头版的印刷方式，它能比木版用得久一些。再之后就是珂罗版，其实就是玻璃版，“珂罗”是玻璃的音译。珂罗版印刷因为是用照相腐蚀的，所以特别逼真，这在当时是重大的印刷革命。所以，在清朝末年、民国初

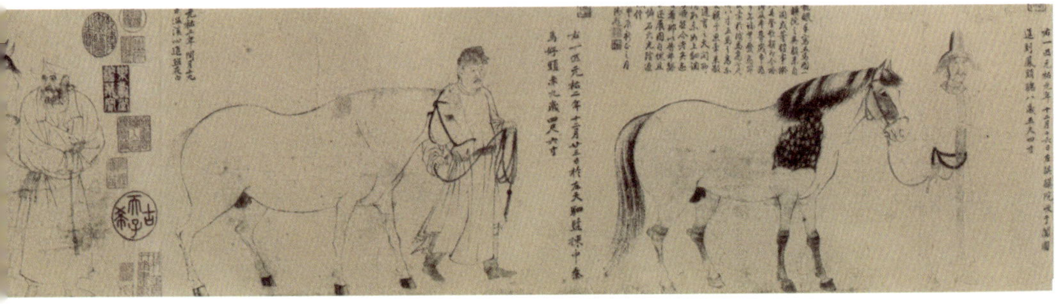

图 15 《五马图》（珂罗版） 故宫博物院藏

年，大量地用珂罗版印刷绘画。但是，珂罗版有个问题，它没有色彩，只能表现浓淡。所以，我们这么多年看到的故宫博物院的珂罗版《五马图》，都会认为它是黑白的。再加上《五马图》“白描”这个特点，使我们很多人长久地都认为这画就是个黑白画。因为“白描”这个词本身就是一个黑白的概念。

直到 2019 年初，东京国立博物馆举办《颜真卿：超越王羲之的名笔》大展，意想不到的是，《五马图》横空出世！所有人都惊呆了，都问：“它还在呀？！”“它怎么有色啊？！”其实，这画就是淡设色的，只是珂罗版表现不出来而已。就这样，消失了快一个世纪的《五马图》以这种方式出现在公众视野里。

我们一直讲《国宝 100》，一直讲宝物的聚聚散散。古人呢，也一直感叹此事，多好的东西，都会有聚散。聚散皆有因果。

071

战国·曾侯乙编钟

湖北省博物馆藏

扫码听我讲
国宝故事

1977 年 9 月，武汉空军雷达修理所在其驻地随县城郊的擂鼓墩一带扩建。部队在扩建挖土的过程中，遇到了坚硬的红色砂岩，用推土机都推不动，于是用炸药炸，炸出了一大片褐色土层。

擂鼓墩属于丘陵地带，施工现场是一个山包，从坚硬的岩石中炸出土来，这很不正常。当时负责基建的副所长王家贵向上级汇报，说马王堆汉墓发掘的纪录片在部队放映过，我们怀疑这可能也是一座古墓。他们打电话向县文化馆报告，请求派专业人员来勘探，但没引起重视，人微言轻嘛，爆破施工继续进行。

几天后，有施工人员挖到了旧铜片，就拿到废品收购站把它们卖了，还换了几包烟。王家贵知晓这件事后，赶紧采取补救措施，召集施工人员开会，教育他们文物是属于国家的，捡到后必须上交！

过了没几天，他们又挖出来点儿旧铜器，雷达修理所的领导班子商议了一下，就说："家贵啊，你还是去县文化馆跑一趟吧，说明一下情况，别打电话了，让他们赶紧来人。"可当时的县文化馆没有文物机构的专业人员，派了一个不懂行的人过来，这个人看了以后，说这不可能是古墓，古墓不是这样的。古墓是什么样的呢？其实他也不知道，他也说不清楚，就走了。

既然不是古墓，爆破施工就继续进行。但王家贵没有放松警惕，觉得这人说得根本不贴谱。随着爆破土层新状况的发现，军人的责任心和对文物的好奇再次驱使他们去了县文化馆。文化馆领导又派人来了，这回换了一个人，结果和上次一模一样，得出的结论也是：你们继续施工吧，这里不会有古墓。

两次勘探，两次否定。但王家贵等人仍心存怀疑，对后来的爆破工作做了一些限制。功夫不负有心人，次年的2月21日，施工人员发现了放置有规律的大石板，王家贵等人研究后，认为下面就是古墓，于是直接向部队领导报告，申请暂停施工。2月26日，王家贵第三次去县里报告，这次去的是县文教局，跳过了文化馆。这文教局局长还比较重视，找了懂行的人过去看看，一看就认定是古墓。这时候，不懂行的人看了也知道是古墓，因为已经挖开了。

3月10日，成立了联合勘探小组。19日，湖北省博物馆副馆长兼考古队队长谭维四带着两名技术人员赶到了现场。从3月20日起，考古人员开始了对该墓葬的钻探发掘。他们用探铲向地下打孔探测，探测表明，墓坑东西长21米，南北宽近17米，形状不规则，总面积超过了200平方米。单就椁室而言，就有190多平方米，比长沙马王堆汉墓明显大了很多（图1）。这样大的木椁，在当时尚属首例，这种构筑在岩石上的岩坑竖穴墓，在南方还是第一次被发现。

这里有个知识点，什么叫椁？过去人死的时候都有一棺，比较讲究的人棺外还有一棺，这就是椁。棺椁是有等级说法的，《庄子》记载，“天子棺椁七重，诸侯五重，大夫三重，士再重”；而《礼记》记载，天子之棺只有四重。其他文献上也有记载，说法都不大一样。我们只能用考古事实来说话，这个墓葬它是两重：一棺一椁。

经过初步勘探，发现墓坑上层已经遭到了严重破坏，而且还有一个面积大约0.5平方米的盗洞。考古队员们对盗洞进行了认真清理，发现里面灌满了淤泥，有泥说明古墓已经进水了。这时很多人都泄气了，认为这墓

图 1 曾侯乙墓椁室全景

葬已经没有太大价值，里面的文物遭到盗掘和水浸，很难保存完好了。但考古队长谭维四坚持发掘，列举出发掘理由去说服大家。

经国家文物局批准后，5 月 11 日，发掘工作正式开始（图 2）。随着墓坑的残存填土被完全清除，覆盖坟墓的 47 块巨型石板完全显露出来。用大吊车揭开石板后，发现石板之下是夯土，夯土下又有一层青膏泥，青膏泥下是厚厚的木炭，清理这些木炭就费大劲了。挖掘结束后，测算过这些木炭有 60 吨重，当然这个重量是含水的。

5 月 22 日，木炭被清除完毕，墓室上层的椁板就露出来了。用大型吊车揭开椁板，只见椁室内一片浑水，水面上漂着 10 具木棺。用起重机将漂浮的木棺一一吊了出来（图 3）。打开棺盖，每具棺里都有一副骨架，

图 2 曾侯乙墓发掘现场

经医学鉴定，皆为女性，年龄在 13 岁到 25 岁之间。这些遗骸应该是为墓主人陪葬的人殉，当然后来也有学者认为这些女子就是平时为墓主人演奏歌舞的乐工，就是现在说的歌舞队员。

随着水位一点点地下降，人们发现这是一个竖穴的木椁墓。平面为多边形，没有墓道。一般的战汉大墓都有墓道，所谓墓道就是进来出去的一个口，呈斜坡状。没有墓道的墓相对来说比较容易保护起来，这也就是墓葬两千多年来能躲过盗掘的基础。墓道占地面积比较大，很容易被发现，像有的墓道长达 80 米，一般明白的人只要找到墓道，顺着墓道就挖到墓门，那就彻底歇了，也用不着打盗洞。像埃及法老的墓，都是先找到墓道才发

图3 提取陪葬棺

现的。竖穴占地面积小，封上石板，它就比较隐蔽。

墓坑深度在13米，相当于现在五层楼高。木椁共有12道椁墙，将墓室分隔成东、中、西、北四室。在东室中，又发现主棺1具，陪葬棺8具，殉狗棺1具，可见人家主人对狗不薄。主棺的外棺是铜木结构，考古人员用两台吊车都未将其启动，实在没办法，只能先把棺盖打开。棺盖吊起来后，仪表显示的重量是1.5吨，可以想见整棺得有多重。

外棺打开后，形体巨大、漆饰华丽精美的内棺就露了出来。内棺里有人形骨架一个，后来经过鉴定认定是男性，年龄在42岁到45岁之间。遗骸全身布满了金、玉、石、骨、角等器物，有大有小，数了数，一共有568件！光放在嘴里的玉琀就有21件，六畜俱全。最引人注目的，是放在颌下面的十六节龙凤形玉佩饰，这件器物也是重中之重（图4）。

8具陪葬棺里的人形骨架经过科学鉴定后，认定死者也均为女性，年

图 4 战国 十六节龙凤形玉佩饰
湖北省博物馆藏

图 5 战国 金盏、金漏匕 湖北省博物馆藏

龄在 19 岁到 26 岁之间，比之前西室那群女子岁数大。专家们根据随葬品和棺木的外观，推测她们应该是墓主人的姬妾或近侍宫女。殉狗棺在墓室西壁的门洞旁，里面有狗的骨架一个、石璧两件。从这里能看到古人的生活有多好，连狗都跟着他陪葬。比咱们现在对宠物还好。我们现在对宠物再好，也是单葬，没有和自己葬到一块儿的。东室里还放有青铜器、兵器、乐器、用具等等，显然东室是墓主人的寝宫，从其奢华程度可以想见墓主在世时的生活状态（图 5）。

中室为钟鸣鼎食之处，主要放置的是以 65 件一套的大型青铜编钟、32 件一套的石编磬为中心的乐器和以九鼎八簋为中心的青铜礼器（图 6）。2008 年奥运会开幕式上“击缶而歌”的原型——青铜大冰鉴，也出自中室（图 7）。

北室为车马兵器库，主要放置车马器、兵器、竹简和一对青铜大尊缶。这里的青铜缶命名是有问题的，《说文解字》里对缶有很明确的解释，说

图 6 九鼎八簋出土现场

它是瓦器，和铜器没什么关系。吴昌硕先生年老的时候，给自己起了个号，叫“老缶”，说自己是个老瓦罐，经不起折腾了。青铜器的单字名字一般是金字边或皿字底。出土的竹简有 240 枚，字数共计 6696 个，竹简上记录的是葬仪清单。

墓中共出土了文物 15000 多件，15000 件是战国到汉大墓的基本标准。看到这么多的陪葬品，不禁会问这墓主人是谁，肯定不是一般的人。后来，考古学家们通过竹简上的文字资料和器物上的铭文，判断墓主就是曾国的国君曾侯乙（图 8）。

这回主要说的就是出自中室的曾侯乙编钟（图 9）。

钟在我国商朝的时候就已经出现了。最初只有 3 到 5 枚，到了西周增至 9 到 13 枚，战国时期发展到 61 枚，音域越来越宽。人们按钟的大小、音律、音高把钟编成组，所以叫编钟，来演奏悠扬悦耳的乐曲。有数据统计，中国的考古发掘中共有 40 多套编钟出土，但数量最多、保存最好、音质最优美的则是曾侯乙编钟。

图 7 战国 青铜冰鉴、青铜勺 湖北省博物馆藏

图 8 战国 “曾侯乙之用戈”铭青铜戈 湖北省博物馆藏

这套编钟有 65 枚，分成上中下三层悬挂，悬挂的架子是由铜和木做成的。钟架全长有 10 多米，高 2.73 米，就是我举起手，还差个半米够不着，由六个佩剑的青铜武士和八根圆柱承托。编钟按一定的规则摆放，面对它的时候能看到从左到右编钟依次增大，由下而上越来越小。而且难能可贵的是，编钟出土的时候，就是这样一副悬挂着的状态，两千多年，屹立不倒（图 10）。

65 枚编钟里，有一枚明显和其他不是一套，按照钟的摆放顺序，应该放的是该组最大的钟。为什么被它取代了呢？因为它来历不凡，是楚惠王送给曾侯乙的镈钟，有铭文为证（图 11）。镈钟的钲间铸有 31 字铭文，大意是说楚惠王五十六年（公元前 433 年），楚惠王在西阳接到了曾侯乙去世的消息后，在西阳遥祭他，并为他铸造了这件镈钟作为吊唁。这段铭文不仅说明曾国和楚国有着十分密切的关系，也为曾侯乙墓的断代提供了有力证据。曾侯乙的遗骨做过鉴定，也表明他死于公元前 433 年 ~ 公元前 400 年。

曾国和楚国的关系友好是有佐证的。《史记》中有这样一段记载：楚

图 9 曾侯乙编钟发掘现场

图 11 战国 楚王熊章镈 湖北省博物馆藏

图 10 战国 曾侯乙编钟 湖北省博物馆藏

昭王十年（公元前 506 年），吴王阖闾和他的弟弟率兵攻打楚国，破了楚国的都城，楚昭王逃走。逃跑的途中又被吴国的军士射伤了腿，先逃到郧国，郧国国君的弟弟认为楚昭王是不仁不义之人，要杀他。于是楚昭王又急忙逃到随国，随侯收留了他。

吴王阖闾率兵追到随国城下，阖闾对随侯说，在江汉流域一带的周朝子孙都被楚国灭掉了，你迟早也会被楚国灭掉，还是把楚王交出来吧。随侯不答应，说："随国与楚国世代友好，你不要再说了。楚昭王也不在随国，他已经逃走了。"楚昭王由此逃过一劫，自然对随侯心存感激。楚昭王回国复位后，就下令楚、随世代友好，不互相攻打。故事里提到的是楚国和随国，并没有曾国。

随州地跨长江、淮河分水岭，有"鄂北门户"之称，是南北经济和文化交流的重要通道，文化上南北兼蓄而又独具一格。擂鼓墩位于随州市东北郊，这里已探明古墓 70 多座，曾侯乙墓是其中最大的一座，称为擂鼓墩一号墓。后来又发掘出擂鼓墩二号墓，根据墓中出土文物的铭文，结合文献资料，多数专家都判定，随国其实就是曾国，随侯就是曾侯乙的父亲。楚昭王的儿子楚惠王为了报答救父之恩，特意将这枚精美的镈钟送给曾侯乙，以示友好。对于曾国就是随国的说法，学术界当然也有不同的声音。

这套编钟的总重量有 3 吨多，最大的钟有 203.6 千克。钟、钟架、挂钩上的铭文合计有 3755 个字，基本上一字一秒地念，得念一个钟头。铭文记录的是什么呢？是编号、标音及乐律理论等等。

45 件甬钟上都刻有"曾侯乙乍（作）时（持）"五字，表明编钟为曾侯乙所作或拥有（图 12）。铭文不仅标示了该钟的悬挂位置，也标明了敲击的部位及其发音的名称。最为神奇的是根据铭文指示，分别敲击钟的正鼓部和侧鼓部（正鼓部是钟口沿正面，侧鼓部指的是口沿两侧），可以发出两个不同的乐音，而且两个音的音程是小三度，即一钟双音。

图12 曾侯乙编钟上面的铭文

图 13 战国 彩绘鸳鸯形漆盒 湖北省博物馆藏

小三度是多少呢？一个全音，一个半音，2、3、4（Re Mi Fa）就是一个小三度。铭文上的内容，绝大多数闻所未闻，可以说是一部中国古代乐理典籍。曾侯乙编钟音域宽广，跨五个八度还多，比现代钢琴两侧各少一个八度。现代钢琴是 88 键，七个八度。八度就是八个音，是一种音阶关系，就是我们常唱的：1、2、3、4、5、6、7、i（Do Re Mi Fa Sol La Si Do），这就是一个八度。

曾侯乙编钟的音色优美，音质纯正，基调与现代的 C 大调相同。考古工作者与文艺工作者合作探索，用此钟演奏了很多中外名曲。同墓出土的一件鸳鸯形漆盒上绘有奏钟的图片，也为编钟演奏提供了形象资料（图 13）。

曾侯乙编钟有五个八度，可以演奏五声、六声、七声音阶的乐曲，这打破了我们过去的常识。一直以来，中国人认为我们的古乐是五声音阶关系，即宫、商、角、徵、羽，相当于今天简谱中的 1、2、3、5、6（Do Re Mi Sol La），没有 4 和 7（Fa Si），这意思是说我们没有半音，七声音阶是汉以后随着佛教从西方传来的。而编钟上有很明确的铭文指示，出现变宫（Si）

和变徵（Fa）这样的词，每逢这两个半音位出现的时候，对应就出现了宫角和商角这样的词，这就说明我国战国以前就存在七声音阶了，实际的测音和演奏也证明了这一点，这可以说是一个划时代的伟大发现。

我们现代人往往听不到这种自然之声了，过去城市中都有钟鼓楼，每天都晨钟暮鼓地要听一遍。

很多年前我写过一篇文章，叫《倾听自然之声》。我们今天听到的声音大都是经过处理的，你很难听到一个真实的声音，可过去古人听到的声音都是真实的，因为那时没有现代化的手段来传播声音，这也是我们生活中的一个遗憾吧。如果我们有机会去看编钟的现场演出，我倒建议去掉麦克风，让大家一块儿来听听自然之声。

072

西汉·龟钮银印

徐州博物馆藏

扫码听我讲
国宝故事

这回我们讲一个地方——徐州。清朝人邵大业有诗云：

> 龙吟虎啸帝王州，旧是东南最上游。
> 青嶂四围迎面起，黄河千折挟城流。

帝王之州——徐州，古称彭城，自古就是兵家必争之地，战略地位尤其重要。离我们最近的，就有两次大规模的战役，一次是淮海战役，一次是抗战时期的徐州会战。时间回溯两千多年，秦末楚汉之争，刘邦、项羽都出自徐州。结果，西楚霸王乌江自刎，刘邦开创了大汉伟业四百年。

汉初，刘邦“惩戒亡秦孤立之败”，一面着手剪除在楚汉战争中分封的异姓功臣，一面开始大封同姓子弟为王。七年间，封了九个同族同姓的诸侯王，刘交就在这个时候被封为楚王，都彭城，就是现在的徐州。刘交是刘邦同父异母的弟弟，西汉楚王共传了十二代，到王莽时，就歇了。其实，算上异姓楚王，是十三代。这个开国的异姓楚王，正是能受胯下之辱的韩信（图 1）。

根据汉代的葬制，封地者死后葬在所封之地，所以刘姓楚王及其宗室子弟，死后大多葬在徐州周围。到目前为止，徐州地区已经发现、挖掘了八处楚王陵：楚王山、狮子山、驮蓝山、北洞山、龟山、东洞山、南洞山、卧牛山。这回说的这件国宝就出自龟山汉墓（图 2）。

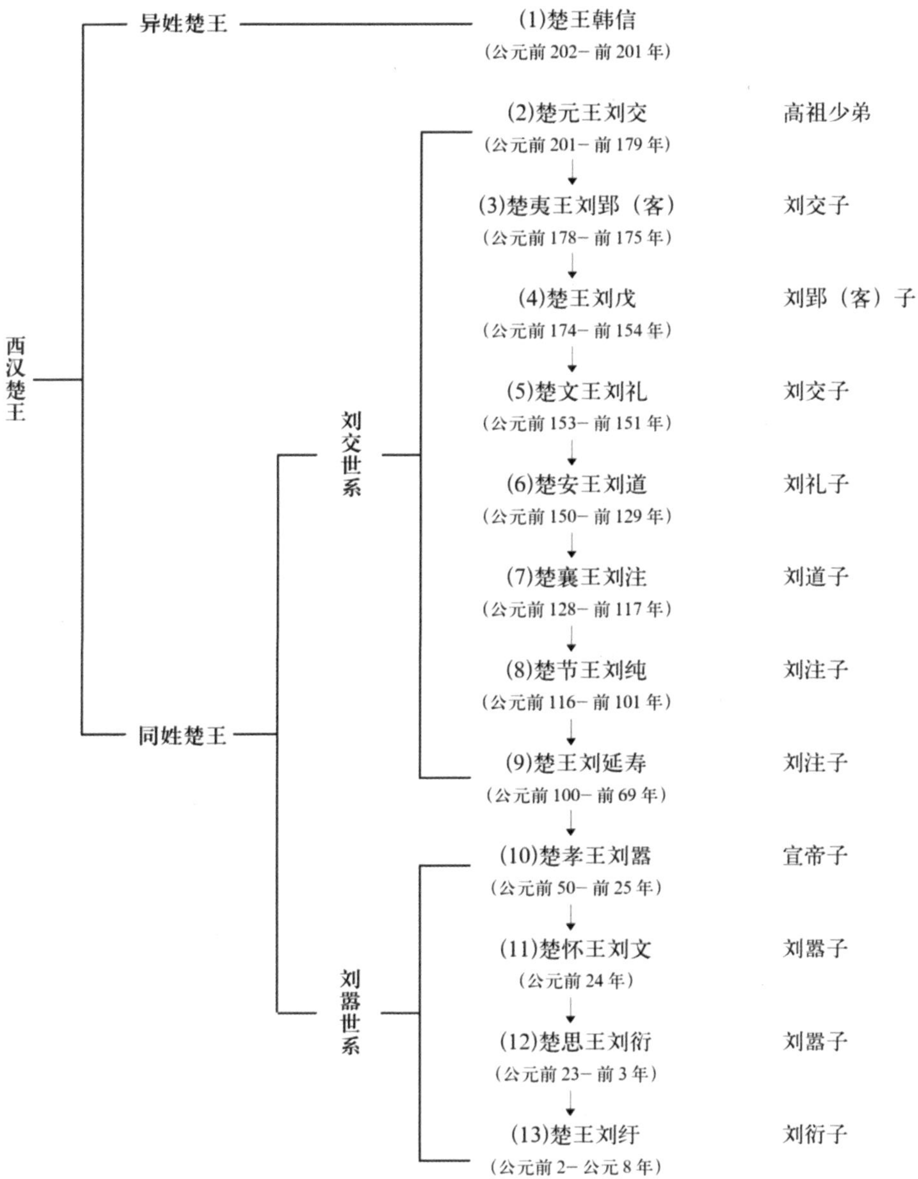
西汉楚王
异姓楚王
(1)楚王韩信
(公元前202－前201年)
同姓楚王
刘交世系
(2)楚元王刘交
(公元前201－前179年)
高祖少弟
(3)楚夷王刘郢（客）
(公元前178－前175年)
刘交子
(4)楚王刘戊
(公元前174－前154年)
刘郢（客）子
(5)楚文王刘礼
(公元前153－前151年)
刘交子
(6)楚安王刘道
(公元前150－前129年)
刘礼子
(7)楚襄王刘注
(公元前128－前117年)
刘道子
(8)楚节王刘纯
(公元前116－前101年)
刘注子
(9)楚王刘延寿
(公元前100－前69年)
刘注子
刘嚣世系
(10)楚孝王刘嚣
(公元前50－前25年)
宣帝子
(11)楚怀王刘文
(公元前24年)
刘嚣子
(12)楚思王刘衍
(公元前23－前3年)
刘嚣子
(13)楚王刘纡
(公元前2－公元8年)
刘衍子

图 1 西汉楚王年表

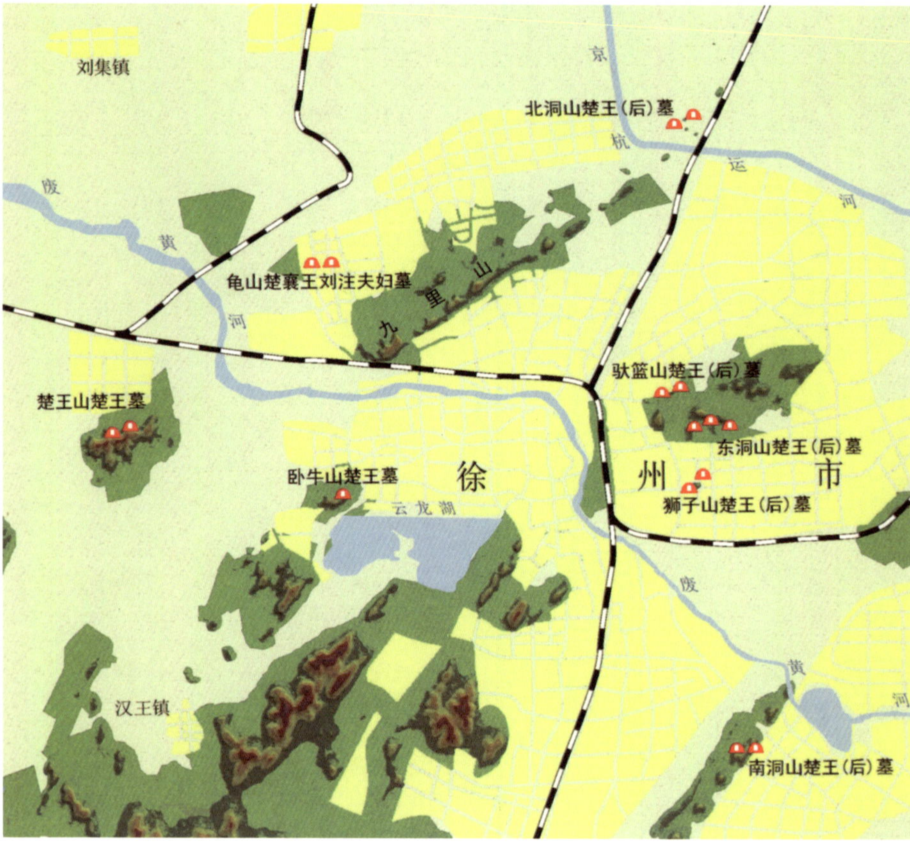

图 2 徐州西汉楚王（后）墓分布示意图

这故事，得从 1981 年说起。

1981 年 2 月，龟山附近的村民在开山采石时，发现一条墓道，马上把这个消息报告给了有关部门。随后，南京博物院和铜山县文化馆组织人员对该墓葬进行了挖掘，发现这是一座已多次被盗掘的西汉时期的墓葬。具体被盗了几次呢？谁都搞不清楚，不是每次来的人都会留下蛛丝马迹的。可以搞清楚的是，这座墓在历史上至少有两次被盗。因为考古人员在墓道的填土中，发现了两件晚于墓葬本身的器物。一件是西汉末年的“货泉”，是一种钱；另一件，是魏晋南北朝时期的青瓷碟。可见在王莽时期和魏晋南北朝时期，这里都曾经被盗墓贼光顾过。

同时，考古人员在清理墓室的时候，认识到这是一个同茔异穴合葬墓。所谓同茔异穴，通俗点说，就是两室一厅，夫妻各有各的卧房，有自己的独立空间。这种墓葬形式在汉代非常多见。具体到龟山汉墓，整个墓葬是由南北两个墓组成的，两个墓有各自独立的墓道、甬道、耳室、墓室，最后两个墓之间凿门相通，既互相独立，又互相贯通（图 3）。这墓道和甬道怎么区分呢？简单地说，墓道是露天开凿的，最后需要回填。甬道，是在山里生凿出来的，没有露天，和今天的隧道有点类似。

采石发现的正是龟山汉墓的北墓道，该侧甬道原来是有塞石封起来的。塞石是上下两块为一组，一共十三组二十六块。发现时，上层的塞石已经全部被盗墓者拉出来了。这些塞石可不是那么容易就能拉出来的。这些塞石都是长方体，长度最短的 1.65 米，最长的 2.48 米，大部分都在 2.3 米左右，宽度约 1 米，高度大概 0.9 米，一块塞石就有六七吨重。被盗墓贼拉出去的塞石的一端都凿有牛鼻扣，应该是用来穿绳子拉这石头的。从而可以判

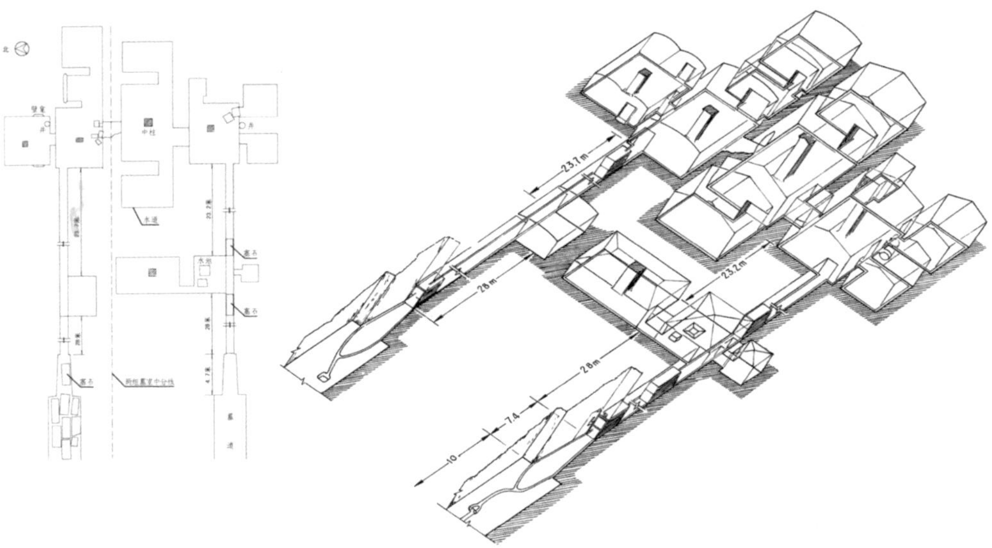

图 3 龟山楚襄王刘注和王后墓平面、透视图

图 4 龟山汉墓墓室

断，当时的盗墓贼肯定不止一两个人，我们今天用人力把这六七吨重的石头拉出来都很费劲。至于塞石当时是怎么搁进去的，更是一个未解之谜。

上面说过，龟山汉墓是同茔异穴墓。整个墓葬的规模可以说是非常宏大的，几乎掏空了整个山体，工程量巨大。甬道、耳室和墓室都深入山中，东西方向长达 83.5 米，南北方向最宽处达 33 米。甬道和耳室制作平整，壁面经过打磨，表面光滑，转角处棱角分明。主墓室，根据发掘时发现的残存建筑材料，可以判断当时墓室里有仿地面木构建筑的存在。在这一点上，与河北满城中山靖王刘胜夫妇墓相似，都处于墓室内搭建木结构建筑的阶段。该墓应该与分封在徐州的西汉诸侯王有关（图 4）。

西汉 11 座帝陵可分为两类：一类是汉文帝霸陵依山为陵的形式，墓葬在山中开凿，不另起坟丘，属于崖洞墓；另外 10 座都筑有高大的覆斗式坟丘，汉墓十墓九空就与此葬制有关。你堆一坟头，谁都知道这墓在哪

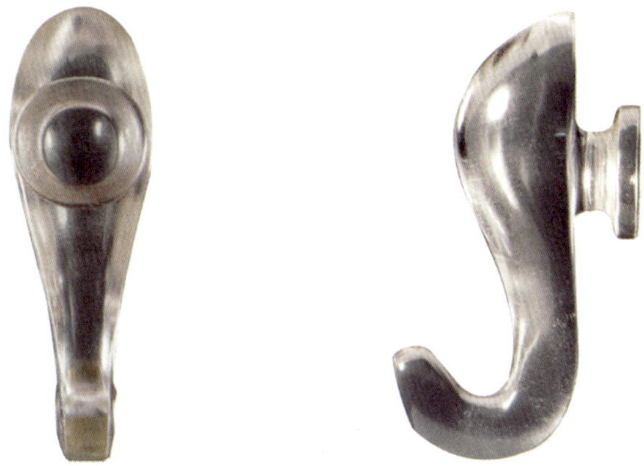

图 5 西汉 水晶带钩 龟山汉墓出土 徐州博物馆藏

儿。龟山汉墓属于前一种，是室内有瓦木建筑的横穴崖洞墓。凿山为葬，塞石封墓，本意也是为了防止被盗掘。然而最终还是被盗掘一空，仅存大量的建筑材料和少量的随葬品，凌乱地散置于墓室、甬道和墓道中，如筒瓦、板瓦、陶瓮、陶鼎、陶俑、铜矛、铜车马器、铁钉、玉环、破碎的玉璧、玉佩残件、带钩、五铢钱等（图 5）。此外，还出土了大量的果壳和家禽家畜的骨骼。这些文物的价值都不是很大。

该墓出土的五铢钱，属于武帝时期铸造。据此，专家推断该墓上限不会早于始铸五铢的武帝元狩五年（公元前 118 年）。根据墓葬的形制、出土的文物，再结合历史文献，推来推去，墓主人的可能性落在了第六代楚王刘注或者第七代楚王刘纯身上，专家们更倾向于刘纯。那龟山汉墓的主人到底是谁？专家的推断是否正确？一切都是未知。直到一枚小小的印章出现，才使墓主人的身份最终得以确定（图 6）。

那么，这枚印章从何而来？对此，说法有异。

第一种说法是，有一个叫王德成的人，是当地工厂的电工。当年发掘龟山汉墓时，考古人员请他帮忙在墓内布线照明。有一段墓道狭窄，他便匍匐前行，前行的时候感觉腹下有一硬物，随手就拾起来，放进自己的口

图6 西汉 “刘注”银印 徐州博物馆藏

袋藏了起来。那么问题来了。第一，狭窄的位置在哪儿呢？第二，他匍匐前进的时候是光着身子吗？要不然，那么小的印章，他稍微多穿点衣服根本感觉不到。有一次理发时，他跟人抬杠，说："龟山汉墓肯定是刘注的，我有他的印！"这个消息被徐州博物馆得知，在当地派出所的宣传劝说下，王德成交出了这枚刻有"刘注"字样的印章。

还有一种说法，1982 年初冬，在第一次发掘结束后，考古队的工作人员离开了，王德成和几个小伙伴出于好奇钻到墓里面去玩儿。当时的龟山还是荒郊野外，他们进到墓里面时，发现墓里已经有不少人在了，大家都蹲在地上瞎摸索，这场面就好像过去农村拾麦穗。庄稼都收割了以后，谁都可以到地里捡麦穗。甭管谁的庄稼地，麦子收完了，大家都可以去捡。

于是，王德成他们也就跟着开始瞎摸。后来在龟山汉墓第六室，也就是楚王墓的前殿，王德成在稀泥里摸到了一个很小的四方形的东西，顺手和已经摸到的陶饼放在一起，带出了墓室。

王德成在沟边清洗他淘到的东西，发现那个方形的东西是个印章，上面还有一个小乌龟，下面刻着两个字。他没敢声张，默默地把这个印章带回了家。印章上的两个字，他只认识一个，还有一个不认识。于是他请教爱好书法的他们厂的书记，书记马上认出来了，说这俩篆书叫"刘注"。

这两种说法，区别在于发现印章的时间点是考古前还是考古后。第二种说法听上去更为合理。

王德成把他找到了刘注印章的事情告诉了他女朋友，女朋友建议他把下面的字磨掉，再刻上自己的名字就能用了。但王德成认为这是个文物，不能磨。说起来，我们都得感谢王德成的文物意识，不然，可能到现在，龟山汉墓的主人是谁，还只能靠推测，没办法板上钉钉。

后来，王德成在当地的《拾屯志》上，看到了关于龟山汉墓的发掘报告。考古人员在这个报告里推测，墓主人很可能是西汉的第六代楚王刘注或第七代楚王刘纯，但更倾向于刘纯。思来想去，王德成决定打电话到南京博物院，找尤教授，也就是参与考古发掘工作的人，说明自己捡到印章的事，想让尤教授看一下。

可这事儿就那么不凑巧，接电话的人告诉他尤教授出差了，不在。我们今天打电话和过去不一样。今天打电话是每个人都有手机，电话打过去，接的人直接就说话，不用再问："你找谁？"过去不是，过去接电话的第一句往往就说："你找谁？"第二句话最爱说的是："他不在。"时隔几个月，王德成一直没有等到南京博物院的回音，人家没把这事儿当事儿。

这期间，也不知道通过什么途径，徐州博物馆的人听说了王德成找到印章的事。于是，他们就找到王德成，动员他上交。王德成推说没有。但考古人员本来就是搞侦查的，特心细。他们在王德成家糊墙的报纸上，看到了"刘注"字样的红墨印文。再后来，当地派出所的人来找王德成，王德成最终将这枚印章交了出来，这枚印章随后被拿到当地信用社的保险柜中保存。1985 年，徐州文物部门的人拿着介绍信到信用社取走了印章。几个月之后，徐州市文化局给王德成颁发了一张奖状，上面写着"王德成同志捐献文物有功，特发此状"，落款的时间是 1985 年 5 月。另外，还给他发了 130 块钱奖金。

王德成上交的这枚印章是银质的，所以命名为"龟钮银印"，它是刘注的私印。这枚印是正方形的，边长只有 2.1 厘米，通高 1.7 厘米，很小的一枚，重约 39 克。可能有人说了，这印章怎么这么小？你觉得它小，是因为你看惯了乾隆那样的大印。前面讲吕后的"皇后之玺"时说过，那枚印章边长只有 2.8 厘米，刘注的等级显然比皇后低，他不能僭越。汉代经常看到小印，边长约 1 厘米，都是个人私印。

印钮是一只四足挺立、昂首爬行的小龟，造型独特，栩栩如生。为什么用龟做钮呢？我们今天一说乌龟，后面常跟的一个词儿叫"王八蛋"，是骂人的话，谁也不爱听。古人可不这么认为。《礼记·礼运》中说：“麟体信厚，凤知治礼，龟兆吉凶，龙能变化。”麒麟、凤凰、龟、龙这几种都是灵物。甲骨文——龟甲兽骨，龟是可以预测凶吉的。四大神兽——青龙、白虎、朱雀、玄武，这玄武就是龟和蛇。《礼记·曲礼》中记载：“玄武，龟也，龟有甲，能御侮用也。”龟也是长寿的象征。另外，就其形状而言，龟较为圆润，适合做印章的钮。印章上刻有“刘注”二字，篆体，线条工整丰厚，转折方劲圆润，正是西汉时期印章的典型风格。

这枚小小的印章，最终确认了龟山汉墓的主人为第六代楚王——刘注和他的夫人，而不是专家推测的第七代楚王刘纯。龟山汉墓是徐州地区众多楚王墓中唯一能确定主人的墓。以此为标尺，对研究徐州地区的楚王墓形制的演变和断代有着十分重要的意义。可见这一枚小小的印章是多么重要。

尽管龟山汉墓基本上被盗掘一空，但它最精彩的地方在于墓葬本身，特别是它的甬道。南北两条甬道之间相隔 19 米，由东向西笔直延伸，方向很正，各长 56 米，宽 1 米，高 1.78 米，和我差不多高。用现代的测量工具测出两条甬道之间的夹角为 20 秒。角度的换算，1 度等于 60 分，1 分等于 60 秒。所以这 20 秒就相当于千分之五度！可以说基本上是平行的。这个误差在现代建筑中是忽略不计的，如果非要强调这个误差，那么这两条甬道无限延伸，差不多得从徐州到西安才能相交（图 7）。

现在我们去参观龟山汉墓，为了让人有最直观的感受，景区在甬道内设了一条红色激光线，甬道的墙面和它几乎是平行的，可见甬道打凿精度之高。到目前为止，人们也搞不清楚在两千多年前的西汉是怎么凿出精度如此高的甬通的。只有一种解释，说这可能是外星人干的。不可解释的，还有很多问题。比如，楚王的前殿，也就是王德成发现龟钮银印的那间墓室，它的中心柱刚好位于两条甬道间的中轴线上。再比如，楚王的原棺室正好

图 7　龟山汉墓甬道

图 8　第百上石

正对龟山的最高点。这些又是怎么做到的呢？

在这里，还有一件有意思的事情。上面说了，甬道是用巨大的塞石封闭的，为的就是防盗。为了保护自己不被盗，墓主人在最外侧的一块塞石上，特意刻了一段话："第百上石。楚古尸王通于天述，葬棺椁不布瓦鼎盛器，令群臣已葬去服，毋金玉器。后世贤大夫幸视此书，目此也仁者悲之。"（图 8）

这意思就是说，我死了，埋在这里了，里面没什么值钱的东西，我让大臣们把我华丽的衣裳都脱去了，是素衣下葬，也没什么金器玉器之类的贵重财产，您就别惦记了。后世的人啊，如果你们看了这段文字，应该心疼我，您就回去吧，别打扰我了。结果呢，没有一个人心疼他，两千年来，此墓还是被盗掘一空。

这后世人没人知道心疼前人，只知道你第六代楚王说话不算数。龟山汉墓里一定藏有价值连城的文物，可惜大部分已经散落或不知所踪，但留下的这个墓穴，依然是我们的国宝。

073

北魏·石雕释迦牟尼佛与二胁侍菩萨像

北京石刻艺术博物馆藏

这回讲的这件国宝，在 1998 年经历了一场牵动全国人关注的文物盗窃大案。这件国宝是北京仅存的最古老的石造像：北魏石雕释迦牟尼佛与二胁侍菩萨像（图 1）。之前曾讲过一尊美国大都会收藏的北魏鎏金弥勒铜造像，这回讲的这尊是石造像，距今一千五百多年了。

那么，这石造像怎么会丢呢？因为它原本并不收藏在博物馆里，而是矗立在一个村子里。这村子是北京市海淀区车耳营村。这名字大部分人都没听说过，它就在北京凤凰岭风景区内。这小村子之所以被划入风景区，就是因为这回要讲的这尊石佛。石佛本来安放在村北头的一个石亭子里，这亭子虽说是在景区内，但实际上是在一户姚姓人家的院子里，这家夫妻俩一直看护着这尊石佛。

这尊北魏石佛在 1957 年就被列为北京市一级保护文物，为什么安放在这个小村子里呢？《光绪顺天府志》里有记载，“光绪六年，通州张云翼访得之”。就是说，公元 1880 年，通州一个叫张云翼的人，在永定门一带发现了北魏石佛。北魏石佛建造时，北京这地界叫蓟城，而北魏国都原来在山西大同，后来迁都洛阳。史书记载，蓟城很小，南北九里，东西七里，位置大概相当于现在的宣武门到和平门一带，南城墙在法源寺以北，北城墙在长安街南侧，西城墙在白云观以东，城中心就是现在广安门外的滨河公园。

因为石佛背面刻有“皇帝太皇太后”的字样，当时的人见着这样的铭文，

图 1 北魏 石雕释迦牟尼佛与二胁侍菩萨像 北京石刻艺术博物馆藏

赶紧就报告给皇上了，所以光绪皇帝就专门给石佛选了个好地方——车耳营村。

车耳营村在明朝就有了，是依地势形成的山村。史书记载，明朝后期，俺答汗率蒙古兵在京郊不断地骚扰，隆庆皇帝采纳戚继光的建议，在西山建立车营，以战车抵御敌军，车营逐渐形成了村落。北京话有很多儿化音，加了儿化音就是“车儿营”；北京的儿化音不好念，所以到了后来，变成书面文字就成了“车耳营”。

这里曾是妙峰山的古香道。古香道，就是去往庙会进香的古道。妙峰山庙会在明清两代都是京城最鼎盛的庙会，供奉的是碧霞元君，俗称泰山娘娘。所以这庙俗称娘娘庙，是辽金时期建的。妙峰山在北京门头沟区，车耳营就在妙峰山古香道的北道，人文气息比较浓，所以皇上就把石佛送到车耳营村供奉。皇上还钦点当年住在北京城安定门内方家胡同里的姚家去看护石佛。这差事比较苦，但姚家延续了四代人。

1929 年奉宽写的《妙峰山琐记》和 1935 年马芷庠编著的《北平旅游指南》中都提到了车耳营的石佛殿。根据书里写的，我们大概知道，石佛殿有山门、殿宇三层，前殿供韦陀，正殿供的就是这石佛。

据说，石佛殿在民国时期坍塌了，当时中法大学的董事长李石曾就邀请曾在法国学习建筑的段其光重修石佛殿。但石佛是由一整块花岗岩雕刻而成，有一吨半重，通高 2.2 米。这么大这么重就不容易移动，而且稍有不慎就可能损坏，段其光和李石曾就决定石佛原地不动，在佛像四周砌起亭子。被盗前很多人见过的石亭，就是那时候修建的。我也去过，这亭子是个中式的四角亭，说是亭子，但四个券门后期应该是被砌成了墙，就像个小屋子。尖顶还有点欧洲风格，是个八棱的尖顶。人一进去，就和石佛挤在一块儿了，空间特别小。

这是一尊彩绘释迦牟尼佛与二胁侍菩萨的雕像。主尊释迦牟尼佛，身高

1.65 米，佛头顶为螺发肉髻，就是一个卷一个卷的，像海螺。袒胸赤足，斜披袈裟，衣褶是水波纹式，就是用一条凸起的线条表示衣纹。两侧有胁侍菩萨，高大概 50 厘米。佛像身后有圆形的大背光，背光非常繁复精美，雕有击鼓吹箫的伎乐天人 31 尊。背光后又有自上而下横排的小佛像 12 排，每排数量不等，大小各异，共 124 尊。小佛一般高 12 厘米，最小的只有 4 厘米。

造像背部刻有铭文：太和二十三年三月十五日阎惠端为皇帝太皇太后造像（图 2）。这位太皇太后，正是历史上有名的冯太后。太和是北魏孝文帝拓跋宏的年号，太和二十三年即公元 499 年。

但是，到了 1998 年 3 月 25 号这天，这尊石佛的命运就改变了。眼瞅着快要一千五百岁的时候，丢了！

有这么一个背景，1998 年处于中国文物盗掘比较频繁的时期。1980 年代，对文物的意识比较薄弱。1990 年代，各种文物的保护法规还没有形成，保护措施也不健全。很多文物盗窃的大案都发生在 1990 年代。

这天早晨，姚家的媳妇张宝英一起来就急奔着石佛去了，她天天惦记着这石佛是否好好地待在那儿，边走边伸着脖子往石亭子里看。看着看着，她的心就提到嗓子眼儿了，昨晚，她把石亭子的门锁得好好的，此刻却是开着的！

等张宝英走到近处的时候就看清楚了，果然，石亭子空了！她吓得大声叫丈夫姚志明。北魏石佛不翼而飞，这些天担心害怕的，成了现实。这两年车耳营村划归到了风景区，来的人就越来越多，电视台又做了北魏石佛的专题节目，让这件本来藏在小村子里的国宝出了大名，每天都有很多人前来参观（图 3）。

姚志明跑出来，一看也傻了眼，石亭子里只剩下底座了。然后，他赶忙跑去派出所报案。所长的感应一点儿不比姚志明两口子来得迟，自打西山林场改建凤凰岭自然风景区，过去藏在山里的无数古物件儿都见了天光，

图2 北魏 石雕释迦牟尼佛与二胁侍菩萨像背面铭文

特别是这北魏石佛，是国家级的宝贝，可石佛的命运不比故宫里的文物，没那么多安保措施。但这石佛重达一吨半，而且还有人专门看着，不是那么容易被偷的。所长回身就问姚志明，说："怎么着？是给偷了还是给毁了？"姚志明带着哭腔说："偷了，也毁了，就剩下一地的碎石末。"

很快，警察就赶到了现场。北魏石佛只剩下了一个底座和一地碎末，很多人都担心石佛是否被损毁，这也成为当年北京市公安局头号专案。专案组在调查时，疑点首先集中在姚志明夫妇身上。虽然从光绪皇帝钦点的第一代看护人到姚志明这里已经是第四代人了，但他们身上仍有很多疑点。

姚志明夫妇说，北魏石佛被盗的夜里，他们什么动静都没听到。而挨着姚志明家住得不远的村民反映，那天夜里，大概一点多钟，他们听到了

图 3 石雕造像原址

一声不大不小的闷响。山村的夜很静，有个响动能传很远。专案组从时间上推算，闷响应该是北魏石佛被盗时发出的声音，可近在咫尺的姚家却没听见。姚家两口子离石亭那么近，石佛那么大、那么重，就算偷佛像的人再专业，搬动的时候也总得弄出点动静吧，这姚家两口子一点儿都没听见？就算没听见石佛被盗被挪动的声音，那附近的狗叫声总能听见吧？

当时有一种推断，如果不是这两口子勾结别人偷的，那可能就是非常专业的人偷的。因为石佛非常重，而石亭又特别小，普通人进去搬动根本使不上劲儿。同时，在案发现场附近还找到了四根钢筋撬棍，从石佛底座上留下的撬凿痕迹推断，作案团伙应该是具备石刻、石雕常识和技艺。

现场留下了六七个人的可疑足迹和一辆独轮车的车辙。专案组在独轮车车辙的引领下，来到了石亭子北侧的山坡上，发现坡上和坡中的枯草有被滑压的痕迹，坡下有凌乱的脚印，脚印通往东面百米外的路边。侦查员在路边发现了客货车停留的痕迹。而且，还有一个村民提供了一条重要线索：案发的当天凌晨一点半左右，他开车回家，看见石亭子东侧的公路旁，停着一辆浅色的客货双排座汽车。他当时以为那车出了故障，还热心地问司机需不需要帮助。司机说车没坏，现在是拉活儿呢。听口音，司机不是本地人，像是河北的。

根据当时掌握的线索分析，作案团伙应该具备石刻、石雕常识，再加上目击者提供的可疑车辆司机的口音等线索，专案组又联系几个月前在北京房山一佛塔内的石佛被盗案，作案手法与北魏石佛被盗案非常相似，作案人是河北曲阳“打石活儿”的农民。而且，车耳营村附近有几个采石场，采石场里就有一些工人来自河北曲阳县。于是，专案组就把侦查方向指向了河北曲阳。

河北曲阳是出了名的“石刻之乡”，最有名的作品就是天安门广场上人民英雄纪念碑的浮雕和毛主席纪念堂外面的群雕。那里的大部分人世代靠“打石活儿”为生，所以对“田野文物”比较了解。什么是“田野文物”呢？就是露天的可搬动的大型文物，比如过去在田间地头经常可以这儿看见一个石碑，那儿看见一个石兽。后来知道这东西值钱，就全被人搬走了。曲阳这些工匠，可以比较容易地判断这些文物的年代，也极有可能很懂北魏石佛。

于是，侦查员就到曲阳开始寻找石佛的下落。有人说，最怕的就是这文物被卖掉，所以要大张旗鼓地去抓贼，吓得他们不敢卖。所以，专案组就先造了声势，结果在曲阳三个月一无所获。然后，专案组立刻使出下一招，叫“欲擒故纵”。放话出去，说这仨月白忙活，空手回去了。同时又派了另一队侦查员，化装成收购古玩的商人，潜伏在曲阳的文物黑市打听消息。

很快，侦查员就摸上来一条线索：有人想卖一件“旧活儿”。什么是“旧活儿”呢？这是黑话，新活就是仿的。但有条件，如果想买，想先查验真伪，需要先交十万元定金。为啥要先交定金呢？侦查员通常都没什么钱，一般交不起这十万块钱，万一这钱拿不回来呢？警察不就麻烦了嘛。所以警察就得和他们慢慢周旋，这样又忙活了三个月，终于在案犯家南墙根的狗窝下面，挖出了破损为五块的北魏石佛。此时，石佛已经被埋了半年，彩绘的颜色受损不少。

这起盗窃案用了半年时间终于破了，作案手法和专案组当时的分析差不多。案犯之一的刘轻民，当时就在车耳营村不远的采石场打石头。知道这村里有个宝贝，他就跑去村里看这石佛。回去一打听，石佛值钱，就动了盗窃的念想。可是佛像太大，一个人干不成。他就联络了六个人，其中一个还有盗窃经验，曾伙同十几个人窜到山西省寿阳县，盗走了国家二级文物明代弥陀造像石碑，捞过一大笔钱。

犯罪团伙这七个人到车耳营村的时候，天都擦黑了。他们看好了地形，安排好客货车等候的位置。夜深后，推着独轮车来到了石亭。这石造像又高又重，他们先是用撬棍撬，被撬离底座后，石佛一时失去重心，虽然有七个壮汉，但石佛重啊，就一头撞到了墙上，然后摔落在地上，四分五裂。周围的狗狂叫，几个贼人却没罢手。过去有句话叫“贼有劲”，平时只能抱一百斤，这会儿两百斤也能抱走。于是，他们就迅速把碎了的石佛装上独轮车，滑下山坡，运到路边装车后，迅速逃离现场。

终于，1998 年 9 月 30 日，历经劫难的北魏石佛，又回到了北京，当时由北京石刻艺术博物馆组织专家进行修复。

追回的时候，我被叫去看。碎成五块的石佛躺在一堆脏棉被上，一千五百年的佛造像就这么破破糟糟、横七竖八地放着，感受非常不好。现在，我们可以在北京首都博物馆的古代佛教艺术精品展厅看到这尊石佛，文物专家已给它重新定名，叫“石雕释迦牟尼佛与二胁侍菩萨像”。北魏时期北京并不是佛教重地，而这尊石佛孤零零地存在于北京，是什么原因呢？

如果是在北京雕凿的，为什么要在北京做这件事？如果是运来的，为什么要把它运来？这里有很多疑问，有待后人去慢慢解释。但我们今天到首都博物馆，站在这尊石佛前，知道这背后还有一段这样的故事，还有那样一家守护石佛的人。从 1880 年到 1998 年——118 年，历经四代人守护的石佛终于以一种特殊的方式走进了首都博物馆，展陈在观众面前（图 4）。

图 4 北魏 石雕释迦牟尼佛与二胁侍菩萨像在首都博物馆的展陈

074

清雍正·粉彩福寿双全八桃纹橄榄瓶

上海博物馆藏

这回故事的主人公是一位美国人，他叫奥格登·里德，曾经是美国外交大使理事会主席，身份非常高，也是《大使评论》杂志的总编辑。此前，他还曾担任过美国纽约《先驱论坛报》的董事长兼总编辑，出任过美国驻以色列大使（图1）。

早些时候，奥格登打算把外祖父及父亲放在老家的一批古董卖了。奥格登的外祖父是美国共和党的创始人之一，1905年到1912年在英国圣詹姆士朝廷任大使，一生从事新闻杂志出版及外交工作。他的外祖母是加利福尼亚一位富翁的女儿，参加过美国红十字会的组建。这样一个家族，每个人都是一本大书。他的外祖父、外祖母都是外交官，去过很多国家，所以家里藏有各式各样、各个国家古老的艺术品。

故事就发生在苏富比拍卖期间。苏富比的专家们只要不在拍卖现场，就是在四处寻找拍卖品。这一天，苏富比的专家们应邀来到奥格登·里德母亲家中，与他确定最后将要上拍的古董名单，这名单很长。无意间，专家瞥了一眼，看到茶几上有一个灯座。什么灯座呢？这台灯的灯罩都没了，就剩下这灯座。说是灯座，其实是一个花瓶，上面画有桃子和蝙蝠，还落了一层灰。苏富比的专家就问奥格登："能否让我们看看这个灯座？"当时奥格登还打趣着说："您尽管看吧，难不成它也是个古董？"苏富比的专家拿起这只瓷瓶仔细端详，没想到这一看，竟改变了这个灯座此后的命运（图2）。

图 1 奥格登·里德
图 2 雍正粉彩福寿双全八桃纹橄榄瓶，被用为灯座

专家说："这可是个好东西，这花瓶是打哪儿来的呢？"奥格登就开始回忆，他说："我很小时候，这花瓶就在我们家的茶几上了。没有人关注过它，我们也不知道怎么来的。"

外国人特别喜欢台灯，尤其是中国陶瓷制作的。中国陶瓷的各个品种，到了外国，常常会变成台灯的灯座。一般需要把瓷瓶或瓷罐的底部打个眼儿，因为它得穿过电线。但给瓷器打眼儿是个技术活，如果不会钻，就很容易把瓷器钻碎。俗话不是说嘛，没有金刚钻，就别揽这瓷器活。

奥格登的母亲在奥格登的外祖母家打算挑一个瓶子回家做灯座。在众多的花瓶中，她一眼就看上了这只瓶子，总觉得这橄榄瓶和其他那些市场上卖的花瓶不一样。她也说不出原因，只是觉得这瓶子特别漂亮，而且做台灯的灯座大小也非常合适，于是就把这只橄榄瓶抱回了家。

她说不出原因，我替她说。这瓶子是这样，你要做台灯，它就一定得稳，最好用一个坛子来做。但坛子特别粗，不好看，和人一样，它得瘦身才好看。相比之下，瓶子是瘦的，但一瘦，就不稳，如果台灯上面再放一个大灯罩，万一倒了，这台灯就𥐟[cèi]了。可这只瓶子有意思，它是橄榄形的，两头细，中间大，它的口沿向外撇，底部也向外撇，所以它就相对稳定，同时还有一个非常漂亮的曲线。

把这瓶子拿回家后，奥格登的母亲和所有人一样，得琢磨电线从哪儿穿过去，所以就打算在瓶子的底部打个孔。结果找了好几个人，谁都不敢弄，都说这东西没法打孔，万一弄碎了没法交代。所以，这个台灯的状态不是很好，它的电线不是从底下穿过去的，而是在外面耷拉着。在外面耷拉着，台灯就不稳，所以她就想着往瓶里灌些沙子。灌沙子之前，她先随手拿起一张报纸垫在瓶内，然后把沙子灌了进去。所以等这一次把沙子倒出来，才发现这报纸叫《格林威治时报》，是 1969 年 9 月 3 日的。也就是说，从那天起，这只橄榄瓶就一直被放在大屋角落的小茶几上。

奥格登的母亲是巴纳德大学董事会主席、1930 年代纽约著名的妇女参政倡导者，也是蒋介石及夫人宋氏家族的挚友，同时她还是美国大都会博物馆理事。因此，她父母的大部分极具价值的收藏品都进了大都会博物馆。然而，这只作为灯座的花瓶从来没有引起他们的注意。

为什么没引起他们的注意呢？因为他们都不懂。我就揣摩，可能是因为这上面画了蝙蝠，外国人对蝙蝠丝毫没有感情，不像中国人觉得蝙蝠是吉祥物，外国人觉得它是厄运、是魔鬼。你看外国电影，只要有蝙蝠一飞出来，就预示着坏事要发生。你就算把它画成红色的，外国人也不会觉得它好。所以这瓶子就没受到重视。

发现这花瓶是个好东西之后，苏富比的专家就想启动拍卖。拍卖就要先弄清楚这东西是打哪儿来的。

家里人就使劲地回忆，这东西到底哪来的呢？因为家里的老人都过世了，大家就猜测非常有可能是奥格登的外祖父 1905 年至 1912 年在英国圣詹姆士朝廷任大使时得到的，那时候他其实就是美国驻英国大使。为什么这么说呢？因为圣詹姆士宫至今仍是英国君主的正式王宫，虽然英国君主已有近两个世纪没在这里居住，但它仍在英国各王宫中居于首位。因此，英国朝廷（Royal Court）即以圣詹姆士宫为名，正式名称为“圣詹姆士朝廷”（Court of St James's）。所以这件宝贝，是从英国被奥格登的外祖父带回美国家中的。在近一百年的时间内，这只花瓶一直在奥格登·里德的家族中流传。

这东西有多大呢？高有 39.5 厘米，瓶底直径 12 厘米。在 2002 年拍卖的时候，说这件东西是传世孤品，全世界只此一件。这事儿已过去十八年了，雍正粉彩八桃纹橄榄瓶在全世界只此一件，上海博物馆和故宫共有三件青花的，这件是粉彩的，再也没有发现和它一模一样的（图 3）。

这件瓶子的全名听着比较复杂，它叫“清雍正粉彩福寿双全八桃纹橄榄瓶”。这“福寿双全”指的是什么纹样呢？就是在这个瓶上画着两只蝙蝠、八个桃子（图 4）。

这种雍正、乾隆时期的八桃、九桃瓷器，一般都画五只蝙蝠，寓意五福：“一曰寿，二曰富，三曰康宁，四曰攸好德，五曰考终命”。一是寿命长，什么也不敌这事儿；二是穷困潦倒也不行，得有钱；三是双重意思，一要健康，还要心里干净；四是攸好德，就是要修好德行；五考终命呢，是指善终，善始善终是中国人最追求的一种境地。但这个瓶上只画了两只蝙蝠，我们可以理解为福寿双全就是五福的缩小版。

相似的图案，还有五只蝙蝠围绕一个“寿”字的，叫“五福捧寿”；还有以卍字和蝙蝠组成的图案叫“福寿万代”；如果蝙蝠和桂花搁在一起，桂与“贵”同音，喻意“贵子”。这都是中国的吉祥图案（图 5）。

图 3 清雍正 青花福寿双全八桃纹橄榄瓶
故宫博物院藏

图 4 清雍正 粉彩福寿双全八桃纹橄榄瓶
上海博物馆藏

图 5 清乾隆 粉彩描金五福捧寿纹扁瓶
故宫博物院藏

那么，这种八桃或九桃的画法，就代表了寿，在雍正、乾隆时期非常流行。雍正时期一般画八个桃，到了乾隆时期，就画九个桃，加了一个，所谓“雍八乾九”就这么来的。这类福寿双全的纹样常常画在盘子或碗上，比如雍正时期会在盘子正面画五个桃，背面画三个桃，乾隆时期是九个。所以看这类花纹的瓷器，可以先数数桃子，大概就知道是哪个时期的了（图 6）。

这东西什么时候烧的呢？我们不是特别清楚。但在景德镇流传着这样一个故事：雍正十二年（1734 年），皇帝钦点唐英烧造一批新颖的粉彩瓷器。到了开春，筹备把瓷器的样品送进宫，督陶官唐英在旁边亲自检查。唐英看着这些样品，一圈圈地走，边走边琢磨，说我怎么看都觉得拿这些进贡给皇上差点意思。最后，他把粉彩橄榄式花瓶从给皇帝的样品中拿掉了。在呈给皇帝的奏折中，他写道，臣想为粉彩花瓶重新设计图案，重新烧制。雍正回复说，我再给你一个月的时间，但你要烧制出更新奇的橄榄瓶。虽

图 6 清雍正 粉彩过枝福寿双全八桃纹盘 天津博物馆藏

然只是一个“新”字，但哪有那么容易啊！接到了圣旨，唐英就整日琢磨，怎么才能达到这个“新”呢？

这一天，唐英一不留神撞到了画案上的一个笔筒，笔筒应声倒下，在桌上滚动起来。就在这时候，唐英猛然发现笔筒滚动的时候看花纹的体验和竖着时看到的感觉完全不同。唐英心想，如果把以往绘在盘子这类平面瓷器上的图案，绘制在瓶子上，一定别具一番风格，于是他开始亲自绘制福寿双全蝠桃纹橄榄瓶的画样。

你听着这个故事挺好听吧？但我告诉你，这个故事是编的，有的导游一般爱这么给你讲。虽然唐英可以说是中国古代最重要的督陶官，但在雍正时期，他还只是景德镇窑务监理。当年的督陶官是年希尧，就是年羹尧的哥哥，也就是著名的年妃的哥哥。直到乾隆二年（1737 年），唐英才正式担任督陶官，他的主要成就大多在乾隆时期。

但是，我们仍猜测这个粉彩橄榄瓶是“深得皇帝喜欢的”。在乾隆时期，也多有类似的图案出现在碗、盘和天球瓶上。故事虽然是编的，但这故事里有个常识是真的：同样的花纹画在盘子上和画在瓶子上是不同的。

瓷器绘画和书画类的绘画不同，它有两种情况：一种是画在平面上，我们看到最多的就是瓷板，这种瓷板的出现本身就很晚。但瓷器大部分是实用类的器皿，最接近瓷板的就是盘子了，所以瓷器中一类大号的盘子叫“赏盘”，就是让你看的。另一种瓷器绘画，就是需要画在曲面上，比如画在碗上。但把纹样画在碗里是很满的，所以就出现了一种“过枝”的画法，所绘制的花卉由碗的内里越过器口画到外沿上。在瓷瓶上画画，还涉及如何构图，比如像橄榄瓶这种中间大、两头细的曲面上，原封不动地照搬平面上的画，肯定是不行的，得根据器形的变化来变化纹样，让视觉舒服。

这只粉彩八桃纹橄榄瓶代表了雍正时期粉彩工艺的最高水平。粉彩强调一个“粉”字，颜色都比较有层次，看上去更逼真，摸上去有凸起感。虽然粉彩在康熙晚期就创烧了，但到了雍正时期，尤其是雍正中期以后，粉彩才真正达到巅峰，那种粉嫩的感觉在这一朝体现得最充分。到了乾隆时期，无论再怎么画，也达不到这种粉嫩细腻的感觉了。这只雍正福寿双全八桃纹橄榄瓶目前在全世界有案可查的就这么一件，所以显得弥足珍贵。

中国的彩瓷在明代以前主要是以红绿两色来表现的，而且都是平涂，称为五彩（图 7）。到了康熙时期，引入珐琅彩以后，色泽就变得非常丰富，中国人一下子茅塞顿开，逐渐把珐琅彩国产化。这期间出现的名字比较混乱，有五彩、洋彩，到晚清又叫粉彩，还有斗彩，我们姑且还是用粉彩这个称呼。粉彩最大的特点在于它的颜料中加入了“玻璃白”，使颜色有了浓淡、有了过渡，看起来丰富立体。比如我们在红颜色中加入玻璃白，它就没那么红了，加多了就变成粉红色。颜色有了丰富的变化，特别适合花果纹样的表达，所以八桃瓶应运而生。

2002 年，这只橄榄瓶出现在拍卖会上，一步登天，由茶几上落灰的台灯座，成为拍卖场上的重器，成为这场拍卖会的明星！大家都知道它很贵，但也没想到这么贵。多贵呢？当年 900 万港元起拍，多次竞价，最终被一

图 7 元代 五彩狮子戏球纹玉壶春瓶
日本东京国立博物馆藏

图 8 清雍正 粉彩过枝福寿双全纹碗（一对） 2007 年 香港佳士得

个女中豪杰，名叫张永珍的人以 4150 万港币拍得，创造了当时清代瓷器的世界纪录。有人说，哎哟，买贵了！有人说，不贵，将来类似的瓷器若再出来还得贵！结果五年以后，2007 年香港佳士得春拍中，一对清雍正粉彩过枝福寿双全碗以 5072 万港元成交（图 8）。由此可见，艺术无价！

这件雍正粉彩橄榄瓶在 2003 年就被张永珍捐给了上海博物馆。很巧的是，上海博物馆还有一件青花福寿双全橄榄瓶（图 9）。到今天，只有上海博物馆一家同时拥有这两样东西——一件粉彩，一件青花，福寿双全又双全！这两件瓷器代表了清代最广泛的两个瓷器品种。我们曾说过，青花从元代面世以后，一枝独大七百年，没有任何瓷器品种能和它抗衡，直到清朝粉彩出现。在晚清时，青花、粉彩各占中国陶瓷的半壁江山。

这件雍正粉彩八桃纹橄榄瓶的前世，就是它怎么流出中国的，我们不清楚。它在国外很长时间没人重视，导致它长时间处于危险之中。幸运的是，它在海外漂泊多年之后，最终入藏上海博物馆，与雍正青花八桃纹橄榄瓶凑成难得的一对，成为上海博物馆的耀眼双星！

图 9 清雍正 青花福寿双全八桃纹橄榄瓶
上海博物馆藏

075

西周·晋侯稣钟

上海博物馆藏

扫码听我讲
国宝故事

宋代大文豪苏轼有词云：人有悲欢离合，月有阴晴圆缺。这说的不只人，东西也一样。这回说的这事儿，就涉及一套文物，两个部分，三个地方。充满巧合，也充满悲欢离合。

故事得从改革开放初期说起。1980 年代后期，盗墓现象日趋严重。那时候有多严重呢？你到香港的荷里活道和摩罗街，尤其那摩罗街上，一看就明白了。那古董便宜啊，都堆在地上，多到下不去脚。摩罗街又被叫作“猫街”，逛的人是猫，古董是老鼠，去那里逛的人就像猫捉老鼠一样找自己想要的东西。对喜欢古董的人来说，逛古玩街是一种乐趣。在当时的荷里活道和摩罗街上，什么文物都能看到，真真假假。古玩街上，东西的真假比例有个规律，就是随着喜欢的人越多，经济越发达，假的比例就越大。但当时是真的多，假的少。为什么呢？因为真的还卖不掉呢。当然，也有假的，毕竟假的成本低。

那时候，国内基本上没有人去，大家都忙着挣钱。只有博物馆的专家和负责人有时候去香港出差开会，抽空去逛逛。时任上海博物馆馆长、青铜器专家马承源就是其中之一（图 1）。

1990 年，马承源去香港参加一个活动。活动结束之后，他就约范季融一块儿去逛古玩街。范季融是个著名的收藏家，主要收藏青铜器。他岳父比他更有名，是暂得楼主人胡惠春，主要收藏明清官窑（图 2）。

那天，他们逛了一整天。就在两个人空手而归的时候，瞟见一家小店

图 1 马承源先生

图 2 胡惠春和范季融

的橱窗里有一只西周时期的鼎。隔着玻璃就发现鼎的内壁有铭文的痕迹。要知道，这青铜器专家，对铭文是最敏感的，看见青铜器的第一反应就是找字。只要上面有一个字，这东西的价钱就翻一跟头。什么叫翻一跟头呢？就是它原来值一万，有一个字，可能就值两万了。当然，不是说每一个字都翻一跟头，那翻一会儿就翻不动了。有好几百个字的青铜器呢，得翻好几百个跟头，那是不可能的。就和我们人似的，翻一两个跟头行，翻好几百个跟头，人也就散了。总而言之，字一多，青铜器相对更值钱。所以很多青铜器上面的字都是后刻的。

图 3 西周 青铜鼎及铭文
上海博物馆藏

马承源他们两个仔细一看铭文，发现里面有一个“晋”字。那个时候，西周时期有铭文的晋国青铜器还没有发现。后来范季融买下了鼎，赠送给上海博物馆。经过清理除锈，发现上面一共铸有 43 个字（图 3）。从此，上海博物馆就开始关注流落到香港的青铜器。马承源拜托香港中文大学的教授、青铜器专家张光裕留意相关信息，因为当时的香港恨不得每天都有新东西出现。

大约在 1991 年到 1992 年间，上海博物馆接连从香港征集了多件带有铭文的青铜器，其中有一件鼎（图 4）、一件匜（图 5）、四件盨（图 6）。根据铭文判定，它们应该属于同一个晋侯。如此大规模的带有晋侯铭文的青铜器出现在香港市场上，说明当时内地应该有晋侯的大墓被盗。但具体是哪儿？大的范围大家都知道，肯定在山西。具体在山西的什么地方？并不清楚。

1992 年 11 月，张光裕在逛古玩店时，在一家店内发现了一套十四枚编钟。它被放在走廊的地上，显然没有人重视。和店主一聊，店主说这套钟很多人都看过，当时的主要购买力是台湾地区的人和日本人，但最终都没有成交。为什么没有成交呢？因为这套编钟有很多不同寻常的地

图 4 西周 青铜鼎 上海博物馆藏

图 5 西周 青铜匜 上海博物馆藏

图 6 西周 青铜盨 上海博物馆藏

图 7 西周 晋侯稣钟 上海博物馆藏

方，所以没有人敢出手。甚至有人认为这套编钟有可能是赝品。那它不同寻常的地方在哪儿呢（图 7）？比如，这套编钟一共有十四枚，每枚上面都有字，加起来少说也有几百字，如此长篇的铭文比较少见。关键的问题是，这个铭文是刻上去的，这就比较可怕了。为什么这么说呢？一般来说，古代青铜器上的铭文都是和器物一起铸造出来的，那刻的有没有呢？有，但比较少，而且年代一般比较晚，基本上都是春秋战国以后的。因为在青铜器上面刻字，需要有比它坚硬的东西，而铸铁的技术是春秋战国以后的事，但是这组编钟是西周的，那这字是怎么刻上去的呢？是用什么刻上去的呢？从道理上没法解释（图 8）。

尽管有这么多可疑的地方，但编钟的器形、纹饰，以及铭文的字形结构、语法词句等，都符合西周时期的特征。张光裕就赶紧给马承源打电话告知此事，二人经过一番沟通，就和古玩店老板协商，最终想尽办法把这套编钟由香港寄到了上海。具体怎么协商的，我们谁都不清楚。但按照常规，在重器面前，必须得有一个宽容期，因为文物鉴定这个事儿很麻烦。双方先谈好一个价钱，买家先把钱押在卖家那儿，最次也得押在双方都信任的第三方那儿。大家约定一个期限，这期限之内，卖家不能动这钱，然后买家决定不要，东西退还，钱也退还。如果买家要了，或者过了这约定的期限还没音信，那就相当于成交了。

这套编钟到了上海，经上海博物馆的专家鉴定，大家基本肯定这套编钟是对的。它的器形、锈、刻铭都对，应该就是西周时期的。编钟的铭文虽然是刻上去的，但是铭文在锈层之下，是自然锈蚀，锈是真的，铭文也可以判断是真的。而且，长篇的西周青铜器铭文要凭空作假，把它编出来且不出纰漏，基本上是不可能的。同时，这铭文凿刻的方式是分段凿刻，与当时工具的局限性也相符合。

尽管如此，社会上还是有很多质疑的声音。比如锈，青铜器重新补刻铭文，再次入土，隔几年青铜的锈就会出来。锈的生成有很多原因，和保护环境、材质的好坏都有直接关系。有的器物上几年之内生的锈就可以吓死人，也有的器物有上千年了，还和新的一样。再比如，这长篇铭文，如果对方是古文字专家，又懂青铜器，那他可以编得不出纰漏，这不是没有可能。再比如分段凿刻，后人也可以模仿当时的环境分段凿刻。这作伪最

图 8 西周 晋侯稣钟及铭文 上海博物馆藏

怕的就是一件事——专家对专家。

理论上讲，铭文只要是后刻的，就有作伪的可能。学界普遍认为，春秋之前，中国的科技发展水平还没有办法在坚硬的青铜器上刻字。那铭文究竟是用什么样的工具刻成的呢？有一种说法是，用不同配比的青铜工具有可能会完成这项工作。但上海博物馆做了试验，答案是否定的。

我们可以想象马承源馆长当时的压力。东西买呢，存有疑惑；不买呢，很快就会流失到国外。最后还是冒险买了。买是买了，但私下里就有人说，马馆长马失前蹄，花大价钱买回了赝品，相关的议论很多。

专家对编钟上的铭文进行了破译，并且根据铭文的内容对编钟进行排序。这铭文讲的是晋侯苏受命伐夙夷，立下战功并得到赏赐的全过程。可是最后一枚，也就是第十四枚的铭文结尾是“……降余多福，稣其万”，这话没说完，就没下文了。专家推测，应该至少还有一件才对，不然这话没有结尾。如果专家的推测是正确的，那余下的钟在哪儿呢？

与此同时，在千里之外的山西，一项已进行了几十年的考古工作还在进行。

晋国是东周大国，春秋时期称霸百年。三家分晋之后，战国七雄——齐楚燕韩赵魏秦，这是教科书上的说法，还有一种说法叫韩赵魏楚燕齐秦，这个说法是按照秦灭六国的顺序。但有关西周晋国的文献记载非常少，如果能找到晋国都城或者晋侯墓地，就可以拨云见日，找到西周晋国存在过的实证了。

为此，考古工作者从 1950 年代就开始有目的地寻找。根据文献记载，晋国的始封地，最大的可能是在侯马东边的曲沃县和翼城县。1960 年代，考古人员在两县交界的地方发现了天马 - 曲村遗址，并进行了试探性挖掘（图 9）。1980 年代，在北大考古系邹衡教授的带领下，北大考古系和山西考古研究所对天马 - 曲村遗址进行了近十年的考古发掘，清理了西周墓葬近千座，但都是一些中、小型墓葬，没有发现大型墓葬。1990 年代初，

图 9 天马 - 曲村遗址外景

考古工作取得重大突破，而这突破竟然源于一起严重的盗墓事件。

20 世纪八九十年代，山西侯马一带盗墓之风兴起。一开始还偷偷摸摸，后来就明目张胆。当地流传着一种说法，叫：“要想富，挖古墓，一夜成为万元户。”他们盗墓的方式很野蛮，直接用炸药炸。为什么用炸药炸呢？山西啊，雷管特多，因为煤矿多，爆破技术特好。

1991 年腊月，天马 - 曲村遗址内的北赵村发生了严重的大规模盗墓事件，大量文物流失。据说盗墓贼都带着枪，挖出来的东西是被汽车和拖拉机拉走的。你可以想象当时盗墓有多猖狂。说来也真是惭愧，根据后来的考古发掘报告，天马 - 曲村遗址内的晋侯墓地，自西周以来，虽然历经了各朝各代的世事变迁，但从来没有遭过劫难，得到了比较完好的保存，却在上世纪八、九十年代短短几年内，有近一半墓葬遭到了洗劫。

1992 年 4 月，北大考古系会同山西考古所对被盗的墓葬开始进行抢救性发掘。到了 6 月初，是山西的麦收季节，参加发掘的农民要回家去收麦子。在这种情况下，考古发掘工作也就不得不暂停。而就在这段暂时停工的时间内，盗墓贼再一次下手了。要知道，夏天往往是北方地区的盗墓高峰。

什么原因呢？一、夏天不冷，他可以连夜干活；二、到处都是庄稼，有青纱帐遮挡，万一有什么危险，可以撒腿就跑。

等麦收结束以后，考古队开始继续发掘。当时又发掘了五座墓，这其中就包括在麦收停工那段时间被盗的那座大墓。虽然被盗，但这墓葬仍然出土了很多珍贵的文物，其中青铜鼎、青铜簋、青铜壶上都有晋侯字样的铭文（图10）。这么多青铜器上有晋侯铭文，从而可以肯定这是一处晋侯墓葬群。

这次发掘中，考古队在其中一处墓葬里面，发现了两枚编钟。这两枚编钟上面也有铭文，一枚内容是“年无疆，子子孙孙”，另一枚内容是“永保兹钟”（图11）。从铭文的内容看，这明显是一套编钟的最后两枚，因为“永保兹钟”是结尾的习惯用语，而所谓“年无疆”也说不通，前边应该有内容。这座墓在麦收期间曾经被盗掘，据此推测，其他编钟应该是被盗走了。编钟不全，铭文的内容自然也就不全。

之前说了，上海博物馆从香港购回了一套十四枚的编钟，铭文不全，有上文没下文。而山西晋侯墓地出土的两枚编钟，有结尾，却没有上文。

图 10 西周 晋侯温鼎及铭文
山西博物院藏

图 11　西周　晋侯稣钟及铭文　山西博物院藏

它们有可能是一套吗？苏东坡说：此事古难全。那这事儿，今天能全吗？

要想物全，先得人圆。

最终，马承源与邹衡取得了联系。经过细致的辨识、比对、研究之后，确认上海博物馆的十四枚晋侯稣钟，完全可以肯定是出自天马－曲村遗址内的晋侯墓地。这些分处两地的编钟，铭文的字体风格一致，都是刻上去的，而且内容连贯一体。

上海博物馆所藏编钟的最后一枚，也就是第十四枚的铭文内容为"……降余多福，稣其萬"。晋侯墓地出土的编钟，一枚内容为"年无疆，子子孙孙"，应该是第十五件，最后一枚上面写着"永保兹钟"。把这句话连起来念，就是"……降余多福，稣其万年无疆，子子孙孙，永保兹钟"，这话就说通了。整篇铭文共 355 个字，完整记载了周厉王三十三年，晋侯苏所参加的一次战争，周厉王两次赏赐晋侯苏的事情。铭文的记载填补了西周晋国在历史文献中记载极少的遗憾。

事情至此，尘埃落定，一切质疑烟消云散。不仅如此，上海博物馆之前从香港征集的，带有晋侯字样的青铜器，也可以肯定是出自天马－曲村晋侯墓地。因为在晋侯墓地中残留的碎铜片，可以和其中一件青铜盨的残缺处吻合。

在2002年我国首批禁止出国（境）展览文物中，有两套编钟，一套是曾侯乙编钟，另一套就是晋侯稣钟。曾侯乙编钟共65枚，时代是战国早期，规模最大、制作最精、音律最准，是青铜乐器发展到顶峰的代表。而晋侯稣钟的编成年代是西周时期，比曾侯乙编钟早了四百多年，是青铜编钟基本定型时期的代表。

我们古代的钟大致可以分为两种，一种是圆形的，一般是在宗教、仪式或报时用的，比如钟楼的钟，都是圆形的。这种钟发出来的声音洪亮，辐射范围广，声音绵长。但因为它的声音持续时间久，所以不适合用于演奏旋律，因为声音会互相干扰。另一种钟就是歌钟或乐钟。我们说的甬钟、钮钟和镈钟，都属于歌钟。它不是圆形的，而是合瓦形，简单地说，就像两个瓦片合在一起。这种合瓦形的设计使得歌钟不会出现余音，不会互相干扰。

那么，甬钟、钮钟、镈钟又怎么区分呢？简单来说，镈钟的口是平的（图12），而甬钟和钮钟的口都是桥形的，或说弧形的。甬钟顶端是柄状，斜着挂（图13）。这个柄，专业名词叫“甬”；甬的下部有凸起来的一圈，叫“旋”；用来悬挂钟的环叫“斡”。所以，我们有一个词叫“斡旋”，就是打这儿来的。那钮钟呢，是顶端有钮，直着挂（图14）。从时间上来说，甬钟比钮钟出现得早。一个大概的趋势是，战国之前，甬钟出现的频率比较高，到了战国之后，数量慢慢减少，钮钟的数量就越来越多。晋侯稣钟都是甬钟。晚它四百多年的曾侯乙编钟既有甬钟，也有钮钟，其中甬钟45枚，钮钟19枚。

我们虽然出土了很多编钟，但既成套又能演奏的编钟，是很难得的。历经千年，很多出土的编钟都哑了。如果编钟哑了，就算经过修复，音乐性能还是会发生变化，有的就不能奏乐了。而晋侯稣钟除了一枚有损外，

图 12 春秋 秦公镈钟 上海博物馆藏

图 13 西周 梁其甬钟 上海博物馆藏

图 14 春秋 青铜钮钟 上海博物馆藏

其他均能正常奏乐。2002 年，上海博物馆联合山西博物院举办了《晋国奇珍——山西晋侯墓群出土文物精品展》，当钟声穿越两千多年再次响起，我们就会明白对于浩瀚的历史，人不过是沧海一粟。

这套晋侯稣钟共十六枚，现在山西博物院有两枚，上海博物馆反倒有十四枚，我们希望有一天，它们能够团聚，荣归故里。苏东坡说过：此事古难全；但他还说过：千里共婵娟。

参考书目

1. 《镇院之宝——定窑白釉孩儿枕》，《紫禁城》，2016 年 09 期。

2. 《天津天后宫里“拴娃娃”》，田学龙，《神州民俗》通俗版，2013 年 02 期。

3. 《满城汉墓发掘报告》，姚苑真，中国社会科学院考古研究所、河北省文物管理处编，文物出版社，1980 年出版。

4. 《汉代同坟异穴夫妻合葬墓浅议》，蒋廷瑜，《南方文物》，1993 年第 1 期。

5. 《由“长信宫”灯铭文说“阳信家”铜器的最初所有者问题》，秦进才、张玉，《文物春秋》，2005 年第 4 期。

6. 《南北朝时期南朝佛教造像对北方的影响》，甘宪云，《学术纵横》，2010 年 8 月 25 日。

7. 《金华县文史资料第二辑》，政协浙江省金华县委文史资料委员会、政协浙江省金华县委文史资料委员会，1989 年 1 月。

8. 《志愿者风采：一件佛像引起的“舌战”》，浙江省博物馆宣教部，浙江省博物馆官方网站，2018-06-15。

9. 《赤城寻珍——重修国清寺》，《国宝档案》，20161214。

10. 《丝绸之路》，国家文物局编，文物出版社，2014 年 11 月 1 日。

11. 《西域考古记》，[英] 斯坦因著、向达译，商务印书馆，2013 年 2 月 1 日。

12. 《新疆民丰县尼雅遗址 95MNI 号墓地 M8 发掘简报》，于志勇、董红卫、何晓、阮秋荣、吕恩国、刘玉生，《文物》2000 年第 1 期。

13. 《新疆尼雅遗址 95MNIM8 概况及初步研究》，于志勇，《西域研究》，1997 年第 1 期。

14. 《新疆尼雅出土“五星出东方利中国”彩锦织文初析》，于志勇，《西域研究》，1996 年第 3 期。

15. 《尼雅考古一百年》，刘文锁，《考古》，2005 年第 11 期。

16. 《吴金鼎在中国史前考古学上的贡献》，林锦源、陈淑玲，《考古与文物》，2003 年，69-80。

17. 《黑陶的制作工艺》，侯烨琦、李纶，《艺术探索》，2008年。

18. 《黑陶：可与彩陶争辉的艺术文化瑰宝》，刘丽娜，《大众文艺》，2012年。

19. 《“考古圣地”城子崖》，张宗国、李维维、任冰，《春秋》，2018年。

20. 《黑陶工艺品中龙山文化的造物思想在其包装设计中的应用研究》，沈业，齐齐哈尔大学硕士学位论文，2013年。

21. 《山东龙山文化蛋壳黑陶高柄杯研究》，赵超超，景德镇陶瓷大学硕士学位论文，2016年。

22. 《吴金鼎学术人生论述》，吴鲁峰，聊城大学硕士学位论文，2017年。

23. 《龙山文化》，张学海，文物出版社，2006年。

24. 《国宝无价，报国有心——杨永德伉俪捐赠藏枕纪事》，麦英豪，《文物世界》，2000年04期。

25. 《杨永德夫妇捐赠文物》，沈承先，《紫禁城》，1989年02期。

26. 《大汶口文化的墓葬》，吴汝祚，《考古学报》，1990年01期。

27. 《河南地区隋代至明代纪年墓出土瓷器研究》，高雪薇，中国社会科学院研究生院硕士学位论文，2018年4月1日。

28. 《磁州窑瓷枕上的枕赋》，王静，《收藏家》，2015年07期。

29. 《日本新首相细川护熙》，佘华、沈友余，《现代国际关系》，1993年，44-46。

30. 《细川护熙的家世、政绩和政见》，韩铁英，《日本学刊》，1993年。

31. 《对洛阳东周墓的几点认识》，王支援、安亚伟，《考古与文物》，2000年。

32. 《加拿大传教士怀履光与洛阳文物被盗》，董延寿，《中原文物》，2005年。

33. 《民国时期中国古代青铜器的发现》，铸万、雪痕，《收藏》，2011年，82-92。

34. 《从“虎食人”到“人刺虎”——商周青铜人物形象的演变及观念变化》，王潇，《荣宝斋》，2015年。

35. 《暗流：1949年之前安阳之外的中国考古学传统》，徐坚，科学出版社，2012年。

36. 《鉴若长河：中国古代铜镜的微观世界》，霍宏伟，生活·读书·新知三联书店，2017年。

37. 《商君之法》，秋慧婷，上海博物馆官网。

38. 《法者，国之权衡也》，秋慧婷，上海博物馆官网。

39. 《从城市国家到中华：殷周 春秋 战国》，平势隆郎，广西师范大学出版社，2014 年 2 月。

40. 《海上收藏世家》，郑重，上海书店出版社，2003 年 1 月。

41. Small Figure of Horse，链接：http://www.miho.or.jp/booth/html/artcon/00001990e.htm（最后访问：2018 年 7 月 15 日）

42. *SHIPWRECKED: TANG TREASURES AND MONSOON WINDS*，Regina KRAHL，Smithsonian Books，Washington，2011.

43. 《文物故事：河北易县辽代三彩罗汉像的颠沛流离》，张睿锜，澎湃新闻，2017 年 7 月 17 日。

44. *FRIEDRICH PERZY SKI 1877–1965: TRAVELER、ART COLLECTOR, AND DEALER*，FREER&SACKLER，Smithsonian，Washington，February 29th 2016.

45. 《中国陕西省宝鸡市周原文物展》，岐阜市历史博物馆，日本印刷株式会社，1988 年 7 月。

46. 《青铜铸文明》，宝鸡青铜器博物院，世界图书出版西安公司，2010 年 9 月。

47. 《论〈溪岸图〉真伪问题》，方闻，《文物》，2000 年第 11 期。

48. 《陆机〈平复帖〉所佚元人题跋考证》，龚月红，《美术大观》，2018 年 05 期。

49. 《人望若神仙——父亲张伯驹的人生沉浮》，张传綵，《文史博览》，2015 年 09 期。

50. 《纪念张伯驹先生诞辰 118 周年——由张伯驹先生在长春的岁月想起的》，赵新，《博物馆研究》，2016 年 03 期。

51. 《论陆机〈平复帖〉在书法史上的价值和意义》，杨莹，《佳木斯职业学院学报》，2016 年 08 期。

52. 《中州名士张伯驹》，李云，《东方艺术》，2012 年 S1 期。

53. 《大收藏家张伯驹》，尹伊，《老年教育（书画艺术）》2011 年 04 期。

54. 《陆机〈平复帖〉经典化历程与晚明鉴藏家的趣味和观念》，邱才桢，《文艺研究》，2010 年 02 期。

55. 《恭王府“锡晋斋”室名由来》，张军，《文物建筑论文集（第2辑）》，2009年1月1日。

56. 《张伯驹小传》，楼宇栋，《紫禁城》，2018年03期。

57. 《西晋陆机〈平复帖〉考略》，王世襄，《紫禁城》，2005年S1期。

58. 《我和伯驹道兄》，朱家溍，《紫禁城》，2018年03期。

59. 《西晋陆机平复帖流传考略》，王世襄，《文物》，1957年01期。

60. 《“民国四公子”之一张伯驹研究综述》，沈文凡、杨辰宇，《吉林师范大学学报（人文社会科学版）》，2017年05期。

61. 《画杀满川花——画马异事的神秘与超越》，衣若芬，《紫禁城》，2014年01期。

62. 《颜真卿：超越王羲之的名笔》，东京国立博物馆编，每日新闻社，2019年1月。

63. 《龙眠胸中有千驷，不惟画肉兼画骨——关于宋·李公麟〈五马图〉的研究》，付铭，《文物鉴定与鉴赏》，2011年第1期。

64. 《于阗花马考——兼论北宋与于阗之间的绢马贸易》，林梅村，《西域研究》，2008年第2期。

65. 《线的意志——白描画论稿》，林若熹，《美术大观》，1999年第2期。

66. 《中国重大考古发掘记：曾侯乙墓》，谭维四编，生活·读书·新知三联书店出版，2003年8月。

67. 《庄子》，方勇译注，中华书局，2015年6月。

68. 《说文解字》，（东汉）许慎，中华书局，2018年6月。

69. 《史记》（西汉）司马迁，中华书局点校本，1982年11月。

70. 《铜山龟山二号西汉崖洞墓》，南京博物院、铜山县文化馆，《考古学报》，1985年第1期。

71. 《〈铜山龟山二号西汉崖洞墓〉一文的重要补充》，尤振尧，《考古学报》，1985年第3期。

72. 《江苏铜山龟山二号西汉崖洞墓材料的再补充》，徐州博物馆，《考古》，1997年第2期。

73. 《徐州北洞山西汉墓发掘简报》，徐州博物馆、南京大学历史系考古专业，《文物》，1988年第2期。

74. 《江苏徐州市狮子山西汉墓的发掘与收获》，韦正、李虎仁、邹厚本，《考古》，1998 年第 8 期。

75. 《徐州狮子山西汉楚王陵发掘简报》，狮子山楚王陵考古发掘队，《文物》，1998 年第 8 期。

76. 《狮子山楚王陵出土文物座谈会纪要》，李春雷，《文物》，1998 年第 8 期。

77. 《西汉第六代楚王刘注银印发现始末》，尹钊、刁海军、范婷婷、吕苇苇，《收藏界》，2011 年 2 月。

78. 《从西汉楚国墓出土印章看王国官制》，尹钊、徐文楷、张继超，《东方收藏》，2011 年 11 月 15 日。

79. 《从西汉楚王墓的建筑结构看楚王墓的排列顺序》，梁勇，《文物》，2001 年第 10 期。

80. 《汉墓形制的演变》，黄晓芬，《考古与文物》，1996 年第 1 期。

81. 《对徐州龟山和狮子山汉墓结构的几点认识》，马永强，《华夏考古》，2008 年第 2 期。

82. 《江苏徐州市狮子山西汉墓墓主的再认识》，韦正，《考古》，2002 年第 9 期。

83. 《徐州市铜山县楚王山汉墓群考古调查》，刘照建、梁勇、《汉代考古与汉文化论文集》，齐鲁书社，2005 年。

84. 《徐州狮子山汉墓墓主考略》，刘照建、张浩林，《东南文化》，2001 年第 7 期，总第 147 期。

85. 《徐州狮子山汉墓开凿时间考》，耿建军，《东南文化》，2000 年第 3 期，总第 131 期。

86. 《从随葬品谈徐州狮子山汉墓的墓主问题》，孟强，《考古》，2006 年第 9 期。

87. 《西汉早期楚王墓排序及墓主的初步研究》，孟强、钱国光，《两汉文化研究》第二辑，文化艺术出版社，1999 年。

88. 《艺术中国之龟山汉墓》，纪录片，第 16 集，2017 年。

89. 《太平寰宇记》中引《郡国志》，中华书局，2007 年 11 月。

90. 《天马 - 曲村遗址北赵晋侯墓地第二次发掘》，北京大学考古学系、山西省考古研究所，《文物》，1994 年第 1 期。

91. 《1992 年春天天马 - 曲村遗址墓葬发掘报告》，北京大学考古学系，山西省考古研究所，《文物》，1993年第3期。

92.《晋侯苏钟》，田建文，《山西档案》，2012年4月29日。

93.《晋侯苏编钟》，马承源，上海博物馆集刊，上海书画出版社，1996年。

94.《晋侯苏钟铭文集释》，牛清波、王保成、陈世庆，《中国文字学报》，2014年7月30日。

95.《天马-曲村遗址晋侯墓地及相关问题》，北京大学考古学系、山西省考古研究所天马-曲村遗址考古队，《三晋考古》，1994年7月31日。

96.《天马-曲村周代晋国墓地青铜器保存状况研究》，中国社会科学院考古研究所、北京大学考古学系，《考古》，2000年9月25日。

97.《晋侯墓地研究评述（上、下）》，谢尧亭，《文物世界》，2009年3月、2009年4月。

98.《镈是大钟还是小钟》，李琳倩，《当代音乐》，2016年11月号（上）。

99.《从曾国墓地编钟、编铃谈钮钟的起源》，冯光生，《音乐研究》，2016年9月第5期。

100.《关于晋侯墓地的几个问题》，张长寿，《文物》，1998年第1期。

101.《晋侯墓地：西周考古的重大发现》，李朝远，《历史教学问题》，1995年8月15日。

102.《关于天马-曲村遗址性质的几个问题》，王立新，《中原文物》，2003年第1期。

103.《先秦时期编钟文化述略》，朱黎光，《新闻爱好者（理论版）》，2008年12月20日。

104.《论早期晋都》，邹衡，《文物》，1994年1期。

105.《晋国始封地考略》，李伯谦，《中国文物报》，1993年12月12日。

106.《不见文献记载的史实：记上海博物馆抢救回归的晋国青铜器》，朱启新，《中国文物报》，1994年1月2日。

107.《寻找晋侯苏钟》，中央电视台科教频道《百家讲坛之镇馆之宝第三部7》，2018年10月29日。

108.《真假晋侯苏钟》，中央电视台科教频道《百家讲坛之镇馆之宝第三部8》，2018年10月30日。

图书在版编目（CIP）数据

国宝 100. 第三卷 / 马未都编著 . -- 武汉 ：长江文艺出版社， 2020. 8（2022. 10 重印）
ISBN 978-7-5702-1498-3

I. ①国… II. ①马… III. ①文物 - 介绍 - 中国 IV. ① K87

中国版本图书馆 CIP 数据核字（2020）第 066437 号

国宝 100. 第三卷

GUOBAO100. DISANJUAN

马未都 编著

选题产品策划生产机构 | 北京长江新世纪文化传媒有限公司
总 策 划 | 金丽红 黎 波
责任编辑 | 王赛男　　封面设计 | 郭 璐　　媒体运营 | 刘 冲 刘 峥 洪振宇
法律顾问 | 梁 飞　　内文制作 | 张景莹　　责任印制 | 张志杰 王会利
版权代理 | 何 红　　新媒体运维 | 高 梦
封面摄影 | Photolomo · 約拍館
总 发 行 | 北京长江新世纪文化传媒有限公司
电 话 | 010-58678881　　传 真 | 010-58677346
地 址 | 北京市朝阳区曙光西里甲 6 号时间国际大厦 A 座 1905 室　　邮 编 | 100028

出 版 | 长江出版传媒 | 长江文艺出版社
地 址 | 湖北省武汉市雄楚大街 268 号湖北出版文化城 B 座 9-11 楼　　邮 编 | 430070
印 刷 | 天津盛辉印刷有限公司
开 本 | 710 毫米 ×1000 毫米 1/16　　印 张 | 18.25
版 次 | 2020 年 8 月第 1 版　　印 次 | 2022 年 10 月第 5 次印刷
字 数 | 234 千字
定 价 | 68.00 元